学ぶ人は、
変えて
ゆく人だ。

JN047435

目の前にある問題はもちろん、

人生の問いや、

社会の課題を自ら見つけ、

挑み続けるために、人は学ぶ。

「学び」で、

少しずつ世界は変えてゆける。

いつでも、どこでも、誰でも、

学ぶことができる世の中へ。

旺文社

とってもやさしい

中3英語

これさえあれば

授業がわかる

改訂版

旺文社

は じ め に

　この問題集は，英語が苦手な人にとって「やさしく」英語の勉強ができるように作られています。

　中学校の英語を勉強していく中で，英語が苦手，文法がわからない，英語を聞くのが難しい，と感じている人がいるかもしれません。そういう人たちが基礎から勉強をしてみようと思ったときに手助けとなる問題集です。

　『とってもやさしい中3英語 これさえあれば授業がわかる［改訂版］』では，関係代名詞や仮定法など，中学3年で習う英語の重要文法事項をシンプルでわかりやすく解説しています。

　3年生で習う内容を1単元2ページでコンパクトに学習できるようになっています。基本例文と解説を読みながら練習問題が解ける構成になっていますので，自分のペースで学習を進めることができます。

　また，この本には英語の音声がついています。英語を勉強するとき，ネイティブスピーカーの発声を聞くことはとても大切です。リスニング問題の解き方を学ぶページもありますので，ぜひ音声を活用して学習して下さい。

　この本を1冊終えたときに，みなさんが英語のことを1つでも多く「読んでわかる！」「聞いてわかる！」ようになってくれたら，とてもうれしいです。みなさんのお役に立てることを願っています。

株式会社　旺文社

も く じ

受け身

分詞

関係代名詞

仮定法

いろいろな表現

Webサービス(音声・スケジュール表)について

https://www.obunsha.co.jp/service/toteyasa/

●音声について 🔊

それぞれのページの QR コードから音声サイトにアクセスして、ストーミングで音声を聞くことができます。サイトのトップ画面から音声サイトを利用する場合には、右の2つの方法があります。ご利用になりたい方法を選択し、画面の指示にしたがってください。

●ダウンロード

すべての音声がダウンロードできる「DOWNLOAD」ボタンをクリックし、ダウンロードしてください。MP3形式の音声ファイルは ZIP 形式にまとめられています。ファイルを解凍して、オーディオプレーヤーなどで再生してください。くわしい手順はサイト上の説明をご参照ください。

●ストリーミング (QRコードから直接アクセスすることもできます)

聞きたい音声を選択すると、データをインターネットから読み込んで、ストリーミング再生します。こちらの方法では、機器内に音声ファイルが保存されません。再生をするたびにデータをインターネットから読み込みますので、通信量にご注意ください。

【注意!】●ダウンロード音声の再生には、MP3ファイルが再生できる機器が必要です。●スマートフォンやタブレットでは音声ファイルをダウンロードできません。パソコンで音声ファイルをダウンロードしてから機器に転送するか、ストリーミング再生をご利用ください。●デジタルオーディオプレーヤーへの音声ファイルの転送方法は、各製品の取扱説明書やヘルプをご参照ください。●ご使用機器、音声再生ソフトなどに関する技術的なご質問は、ハードメーカーもしくはソフトメーカーにお願いします。●本サービスは予告なく終了することがあります。

●スケジュール表について

1週間の予定が立てられて、ふり返りもできるスケジュール表 (PDFファイル形式) が Web 上に用意されていますので、ぜひ活用してください。

本書の特長と使い方

文法を学ぶページ

1単元は2ページ構成です。左のページで文法項目の解説を読んで理解したら，右のページの練習問題に取り組みましょう。

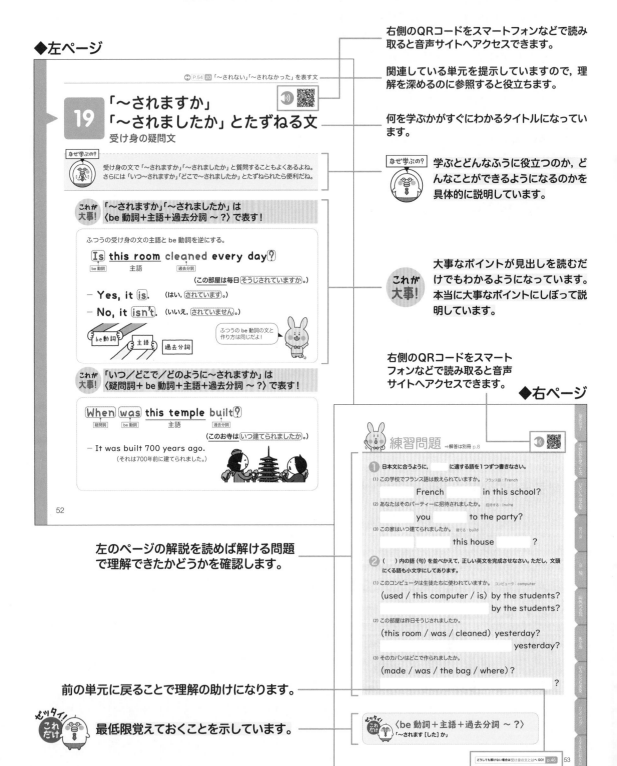

◆左ページ

右側のQRコードをスマートフォンなどで読み取ると音声サイトへアクセスできます。

関連している単元を提示していますので，理解を深めるのに参照すると役立ちます。

何を学ぶかがすぐにわかるタイトルになっています。

なぜ学ぶの？ 学ぶとどんなふうに役立つのか，どんなことができるようになるのかを具体的に説明しています。

これが大事！ 大事なポイントが見出しを読むだけでもわかるようになっています。本当に大事なポイントにしぼって説明しています。

右側のQRコードをスマートフォンなどで読み取ると音声サイトへアクセスできます。

◆右ページ

左のページの解説を読めば解ける問題で理解できたかどうかを確認します。

前の単元に戻ることで理解の助けになります。

最低限覚えておくことを示しています。

6

◆リスニングのコツ

リスニング問題での解き方のポイントを解説しています。練習問題もついています。

◆おさらいページ①

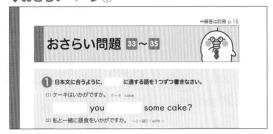

文法項目ごとに問題を解くことで，覚えているかどうかしっかり確認できます。

◆おさらいページ②

3年生全体のおさらいです。大事なポイントを例文とともにまとめてあります。例文の音声はQRコードから音声サイトへアクセスして確認できます。

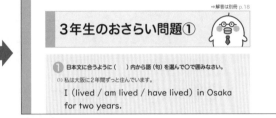

問題を解くことで，3年生全体の内容を覚えているかどうかしっかり確認できます。

◆巻頭ページ　覚えておきたい英語表現をまとめています。イラストを見ながら音声と一緒に確認して覚えましょう。

音声サイトへアクセス

◆問題の解答と解説　各単元の「練習問題」や「おさらい問題」，「3年生のおさらい問題」の解答と解説を切り離して確認できます。

1 〈have ＋過去分詞〉で「過去から現在まで」のつながりを表す！
現在完了とは

P.10 2

なぜ学ぶの？

過去のことを表す文と現在のことを表す文は習ったよね。過去と現在のつながりを表す動詞の形を使うと，過去から現在まで「ずっと～している」と言えるんだ。

これが大事！ 「（今まで）ずっと～している」は
〈have [has] ＋過去分詞〉の形の現在完了で表す！

I have lived in Osaka for ten years.
　　　　過去分詞　　（私は大阪に10年間（今まで）ずっと住んでいます。）

主語が he, she, it など3人称単数の場合は have のかわりに has を使う。

現在完了の have は「持っている」という意味ではないよ。

これが大事！ 「過去から現在までのこと」を表すには現在完了を使う！

10年前 We lived in Osaka ten years ago.　　今 We live in Osaka.

過去　　　　　　　　　　　　　　　　　　現在

10年前から今 We have lived in Osaka for ten years.

現在完了　　　　have ＋過去分詞

行ってきます。

大阪に住んでいた　　　　　ずっと大阪に住んでいる

練習問題 →解答は別冊 P.2

❶ 英文の下線部は,「現在形」,「過去形」,「現在完了」のどれかを表します。それぞれ〇で囲みなさい。

(1) I <u>lived</u> in Osaka ten years ago.

（現在形・過去形・現在完了）

(2) I <u>live</u> in Osaka now.

（現在形・過去形・現在完了）

(3) I <u>have lived</u> in Osaka for ten years.

（現在形・過去形・現在完了）

❷ 日本文に合うように（　　）内から語（句）を選んで〇で囲みなさい。

(1) 私は昨年, カナダを訪れました。　カナダ : Canada

I （visited / have visited） Canada last year.

(2) ヨウコは3年間ずっと東京に住んでいます。　3年間 : for three years

Yoko （lived / has lived） in Tokyo for three years.

(3) 私たちは昨日から家にいます。　家にいる : stay home　昨日から : since yesterday

We （stay / have stayed） home since yesterday.

> あせらず, ゆっくりいこう。

〈have［has］＋過去分詞〉
「ずっと～している」

現在完了

不定詞を使った文

いろいろな文型

受け身

分詞

関係代名詞

仮定法

いろいろな表現

リスニング

3年生のおさらい

9

2 〈have ＋過去分詞〉で「ずっと〜している」を表す！

「継続」を表す現在完了

なぜ学ぶの？

ずっと続いている状態は現在完了で表すって前回習ったよね。ここでは，現在完了を使って「おとといからずっとひまだ」とか「どのくらいの間ここに住んでいるの」と言えるようになるよ。

これが大事！ 「（過去から現在まで）ずっと〜している」は
〈have ＋過去分詞 〜 for ＋期間〉と
〈have ＋過去分詞 〜 since ＋始まった時〉の2通り！

現在完了の「継続用法」と呼ばれる。

〜以来，〜から ┐　　　始まった時 ┐

He has lived in Osaka [since] [last year].

（彼は大阪に<u>昨年以来</u>ずっと住んでいます。）

---

for は時間の長さと使う。**for** two hours「2時間」，**for** ten days「10日間」
since は始めた時期と使う。**since** 1983「1983年以来」，**since** last month「先月から」

これが大事！ 「どのくらい（の間）〜していますか」は
〈How long ＋ have [has] ＋主語＋過去分詞 〜 ?〉で表す！

[How long] have you been in Japan?

どのくらいの間
（時間の長さを聞く）

（あなたは[どのくらいの間]日本にいるのですか。）

How long have you lived in this town?
あなたはどのくらいの間この町に住んでいますか。

Yes / No ではなく具体的に
期間や住み始めた時を答える。

For three years.
3年間です。

練習問題

→解答は別冊 P.2

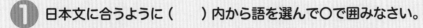

❶ 日本文に合うように（　　）内から語を選んで○で囲みなさい。

(1) ジェーンは2年間日本にいます。

Jane has been in Japan（since / for）two years.

(2) 私は先週からずっと忙しいです。

I have been busy（since / for）last week.

> for は期間，since は始まった時が後にくるよ。

(3) どのくらいここにいるのですか。

How（long / many）have you been here?

❷ 次の英文を（　　）内の指示にしたがって書きかえなさい。

(1) It is very hot.（「6月以来ずっと〜」という意味の文に）　hot：暑い

It ☐☐☐☐☐☐ very hot ☐☐☐☐ June.

(2) She lives in this town.（「10年間ずっと〜」という意味の文に）

town：町

She ☐☐☐☐ in this town ☐☐☐☐

ten years.

(3) They have lived here <u>for three months</u>.

（下線部をたずねる文に）

☐☐☐☐☐☐ have they lived here?

ゼッタイ！これだけ

〈have［has］＋過去分詞 〜 for ＋期間〉
「…の間，ずっと〜している［〜である］」

〈have［has］＋過去分詞 〜 since ＋始まった時〉
「…以来，ずっと〜している［〜である］」

どうしても解けない場合は現在完了とは へ GO!　P.8

3 〈have been ＋〜ing〉で「(動作を) ずっと〜している」を表す！
現在完了進行形の文

なぜ学ぶの?

過去に始まった動作が現在まで続いていることを言いたい場合もあるよね。〈have＋過去分詞〉だけでは, 動作がずっと続いている場合には使えないんだ。そんなときは現在完了の「進行形」を使おう。

これが大事! 動作を「ずっと〜している」ときは, 〈have [has] been ＋ 〜 ing〉で表す！

be 動詞の過去分詞 ＋ 〜 ing

I [have] [been] [waiting] for him for one hour.

(私は1時間[ずっと]彼を[待っています]。)

「待っている」という**進行中の動作**がずっと続いているときは,
〈have [has] been ＋ 〜 ing〉。

動作が続いている
時は形が違うのか

これが大事! 〈現在完了＋進行形〉で現在完了進行形になる！

現在進行形は〈be 動詞 ＋ 〜 ing〉の形で「今〜をしています」という意味。現在完了進行形は現在完了と進行形が合体した形。

I have been using this bag for three years.

(私はこのカバンを3年間ずっと使っています。)

have [has] been
現在完了の形

be動詞 ＋ 〜ing
進行形の形

現在完了＋
進行形＝
現在完了進行形
だよ。

現在完了'

不定詞を使った文

いろいろな文型

受け身

分詞

関係代名詞

仮定法

いろいろな表現

リスニング

3年生のおさらい

練習問題 →解答は別冊 P.2

❶ 日本文に合うように（　　　）内から語句を選んで〇で囲みなさい。

(1) 私は昨日からずっと忙しいです。　忙しい：busy

I（was busy / have been busy）since yesterday.

(2) ケンは2時間ずっと走っています。　2時間：for two hours

Ken（has run / has been running）for two hours.

(3) そのネコは昨夜からずっと眠っています。　眠る：sleep

The cat（has been sleeping / is sleeping）since last night.

❷ 次の英文を（　　　）内の指示にしたがって書きかえなさい。

(1) I am reading this book.（「1週間ずっと〜」という意味の文に）

I have ☐☐☐☐☐☐ this book ☐☐☐☐☐ a week.

(2) They are dancing.（「今朝からずっと〜」という意味の文に）

They have ☐☐☐ ☐☐☐ ☐☐☐ this morning.

(3) We started playing soccer at ten o'clock and we are still playing it.（同じ意味を表す文に）

We have ☐☐☐ ☐☐☐ soccer since ten o'clock.

ゼッタイ！これだけ 〈have [has] been + 〜ing〉
「（動作を）ずっと〜している」

どうしても解けない場合は「継続」を表す現在完了へ GO! P.10 13

4 〈have ＋過去分詞〉で「〜したことがある」を表す！

「経験」を表す現在完了

なぜ学ぶの？

「その映画を見たことがある」など「〜したことがある」と言うことがよくあるね。
以前に経験したことだけど，これも現在完了で表すことができるんだ。

これが大事！ 「〜したことがある」は 〈have [has] ＋過去分詞〉，
「〜へ行ったことがある」は 〈have [has] been to 〜〉で表す！

現在完了の「経験用法」と呼ばれる。

I [have] [seen] that movie [three times].

（私はあの映画を3回見たことがあります。）

| 過去 | 1回目 | 2回目 | 3回目 | 今 |

「〜へ行ったことがある」は have gone to ではなく，have been to を使う。

I [have] [been] [to] Kyoto [three times].

（私は京都に3回行ったことがあります。）

これが大事！ 「経験」をたずねるときは，have [has] を主語の前に置く！

[Has] he [ever] [been] [to] Kyoto [?]

（彼は今までに京都へ行ったことがありますか。）

— **Yes, he [has].**　　　　　　　—はい，あります。

— **No, he [has not] [hasn't].**　　—いいえ，ありません。

主語にあわせて have, has を使いわける

この用法の文では ever「今までに」がよく使われるよ。

現在完了の短縮形のまとめ

I have → I've, You have → You've, We have → We've, They have → They've,
He has → He's, She has → She's, It has → It's, have not → haven't, has not → hasn't

練習問題 →解答は別冊 P.2

現在完了

不定詞を使った文

いろいろな文型

受け身

分詞

関係代名詞

仮定法

いろいろな表現

リスニング

3年生のおさらい

❶ 日本文に合うように，□□□ に適する語を1つずつ書きなさい。

(1) トムはこのコンピュータを何回も使ったことがあります。

コンピュータ：computer　何回も：many times

Tom □□□ □□□ this computer many times.

(2) 私の母はフランスへ行ったことがあります。　フランス：France

My mother □□□ □□□ □□□ France.

(3) 彼は今までにマイク (Mike) と話したことがありますか。　話す：talk　今までに：ever

ーいいえ，ありません。

□□□ he □□□ □□□ with Mike?

ー No, □□□ □□□ .

❷ (　) 内の語を並べかえて，正しい英文を完成させなさい。

(1) 私たちは以前にこの映画を見たことがあります。　以前に：before　映画：movie

We (seen / have / this) movie before.

We □□□ movie before.

(2) あなたは今までに納豆を食べたことがありますか。

Have (eaten / ever / you) *natto*?

Have □□□ *natto*?

かつおぶし
まだー？

〈have [has] been to 〜〉
「〜へ行ったことがある」

15

5 「何回〜したことがありますか」 「〜したことがありません」を表す文

「経験」を表す現在完了の疑問文・否定文

なぜ学ぶの？
「どこかへ行ったことがある」という経験を誰かに話したら、「よく行くの？」「1回だけ」なんて会話になるよね。また、行ったことがなければ、「1回も行ったことがない」と伝えたいね。そんな疑問文や否定文を学ぼう。

これが大事！ 経験した回数をたずねるには〈How many times 〜 ?〉を使う！

> How many times の後ろは現在完了の疑問文の形

How many times has Harry visited Kyoto?

（ハリーは 何回 京都を訪れたことがありますか。）

− Three times.

（3回です。）

> 「1回」は once、「2回」は twice、3回以上は〈数詞＋ times〉を使おう。

これが大事！ 「（一度も）〜したことがない」を表すには never を使う！

経験の否定文では not よりも never「一度も〜ない」を使うことが多い。

He has ⬚ been to Arashiyama.

（彼は嵐山に行ったことがあります。）

has の後に never

He has never been to Arashiyama.

（彼は嵐山へ 一度も 行ったことが ありません 。）

練習問題 →解答は別冊 P.3

① 日本文に合うように，　　　に適する語を1つずつ書きなさい。

(1) 彼女は何回日本を訪れたことがありますか。― 1回です。　日本：Japan

　　　　　　　　　　　　　has she visited

Japan?

― 　　　　　　.

> never と not は一緒に使わないからね。

(2) 私は一度もフランス語を勉強したことがありません。　フランス語：French

I 　　　　　　　studied French.

② 次の英文を（　　）内の指示にしたがって書きかえなさい。

(1) They have seen the movie <u>twice</u>.（下線部をたずねる文に）

　　　　　　　　　　　　　have they seen

the movie?

(2) I have talked with Jane before.　Jane：ジェーン

（「一度も～したことがない」の文に）

I 　　　　　　　with Jane before.

(3) Ken has been to Fukuoka before.

（「一度も～したことがない」の文に）

Ken 　　　　　　　　　to Fukuoka

before.

> またまたひと休みしよう！

 〈How many times ～ ?〉
「何回～？」

never
「（一度も）～したことがない」

6 〈have ＋過去分詞〉で「〜したところだ」を表す！

「完了」を表す現在完了

なぜ学ぶの？

現在完了は「継続」「経験」以外にもうひとつ意味があるんだ。「昨日〜した」とか「1週間前に〜した」ではなく，「(今ちょうど) 〜したところだ」とか「まだ〜していない」という文を現在完了で表すことができるんだ。

これが大事！

「ちょうど〜したところだ」は〈have[has] ＋ just ＋過去分詞 〜〉
「すでに, もう〜した」は〈have[has] ＋ already ＋過去分詞 〜〉

Ken has [just] finished his homework.

（ケンは[ちょうど]宿題を終えたところです。）

過去 ─────────● ─────────→ 今

Ken [finished] his homework.　　Ken [has just finished] his homework.

過去形は過去に「終えた」ことだけを表すが，現在完了は「今ちょうど終えた（完了した）ところだ」ということを表すので，現在完了の「完了用法」と呼ばれる。

これが大事！

yet は否定文で「まだ (〜ない)」，
疑問文で「もう (〜しましたか)」を表す！

You [haven't] cleaned your room [yet].

（あなたは[まだ]部屋をそうじしていません。）

Have you cleaned your room [yet][?]

（あなたは[もう]部屋をそうじしましたか。）

否定文と疑問文の yet をきちんと区別しよう。yet は文の最後に置くよ。

練習問題

日本文に合うように（　）内から語を選んで○で囲みなさい。

(1) 私はちょうど家に帰ったところです。　家に帰る：come home

I have (just / already / yet) come home.

(2) あなたはもうこの映画を見ましたか。　映画：movie

Have you seen this movie (just / ever / yet)？

(3) ケンはまだ昼食を食べていません。　昼食：lunch

Ken hasn't eaten lunch (yet / still / just).

（　）内の語（句）を並べかえて，正しい英文を完成させなさい。

(1) 私の妹はちょうど家に帰ってきたところです。

My sister (come / just / has) home.

My sister ＿＿＿＿＿＿＿＿＿＿＿＿＿＿＿ home.

(2) 私たちはすでに朝食を食べました。　朝食：breakfast

We (eaten / have / already) breakfast.

We ＿＿＿＿＿＿＿＿＿＿＿＿＿＿＿ breakfast.

(3) ジェーン（Jane）はまだ宿題を終えていません。　宿題：homework

Jane (finished / her homework / hasn't) yet.

Jane ＿＿＿＿＿＿＿＿＿＿＿＿＿＿＿ yet.

〈have[has] ＋ just ＋過去分詞 ～〉
「ちょうど～したところだ」

〈have[has] ＋ already ＋過去分詞 ～〉
「すでに，もう～した」

〈haven't ＋過去分詞 ～ yet〉「まだ～していない」

〈Have ＋主語＋過去分詞 ～ yet?〉「もう～しましたか」

現在完了　不定詞を使った文　いろいろな文型　受け身　分詞　関係代名詞　仮定法　いろいろな表現　リスニング　3年生のおさらい

→解答は別冊 P.3

おさらい問題 2 ～ 6

❶ 日本文に合うように（　　）内から語を選んで○で囲みなさい。

(1) 私たちは4月からずっとここに住んでいます。　住んでいる : live

We have lived here (in / since / for) April.

(2) 私は以前, あなたに会ったことがあります。　以前 : before

I have (see / saw / seen) you before.

(3) 私のイヌは3時間ずっと眠っています。　眠る : sleep　「眠る」という意味の動詞だよ。

My dog has been (sleep / sleeping / slept)
for three hours.

(4) 彼はもう昼食を食べ終わりました。　終える : finish

He has (since / already / yet) finished lunch.

❷ （　　）内の語（句）を並べかえて, 正しい英文を完成させなさい。ただし, 文頭にくる語も小文字にしてあります。

(1) あなたは今までに東京へ行ったことがありますか。　今までに : ever

(you / ever / have / been) to Tokyo?

　　　　　　　　　　　　　　　　　　　　　to Tokyo?

(2) 私は一度もテニスをしたことがありません。　テニス : tennis

I (never / have / played / tennis).

I　　　　　　　　　　　　　　　　　　　　　.

(3) 彼女はもう家を出発したのですか。　もう : yet

Has (left / she / yet / her house) ?

Has　　　　　　　　　　　　　　　　　　?

❸ 次の英文を（　　）内の指示にしたがって書きかえなさい。

(1) He has known her <u>for two years.</u>（下線部をたずねる文に）
　　　　　　　　　　　　　　known：know の過去分詞

□□□□　□□□□ has he known her?

(2) I visited America.（「2回～したことがある」の文に）　America：アメリカ

I □□□□　□□□□ America □□□□ .

(3) Takeshi has finished his homework.　homework：宿題

（「まだ～していない」の文に）

Takeshi □□□□　□□□□　□□□□ his

homework □□□□ .

(4) You are watching TV.（「長い時間ずっと～」の文に）

TV：テレビ　for a long time：長い間

You □□□□　□□□□　□□□□ TV for a

long time.

❹ 日本文に合うように，□□□ に適する語を1つずつ書きなさい。

(1) 私はちょうどこの手紙を書いたところです。　手紙：letter

I □□□□　□□□□　□□□□ this letter.

(2) あなたは今までに富士山に登ったことがありますか。　富士山：Mt. Fuji　登る：climb

□□□□ you □□□□ Mt. Fuji?

(3) 何回このテレビゲームをしたことがありますか。　テレビゲーム：video game

□□□□　□□□□　□□□□ have you played

this video game?

今日は勉強
しすぎたぜ！

現在完了

不定詞を使った文

いろいろな文型

受け身

分詞

関係代名詞

仮定法

いろいろな表現

リスニング

3年生のおさらい

7 〈to ＋動詞の原形〉で「〜すること」「〜するために」などを表す！

不定詞のおさらい

なぜ学ぶの？

「私の趣味は〜することです」「彼は眠るために部屋へ行きました」のように言いたいときには〈to ＋動詞の原形〉を使い，これを to 不定詞と言うよ。「動詞の原形」は語尾に -s や -ed のつかないもとの形のことだよ。

これが大事！ 〈to ＋動詞の原形〉の主な3つの意味

① 〜すること（名詞用法）

I like to watch TV. （私はテレビを見ることが好きです。）

② 〜するために（副詞用法）

We went to the library to study.

（私たちは勉強するために図書館へ行きました。）

③ 〜するための，〜するべき（形容詞用法）

I want some books to read.

 名詞を説明する時は，後ろからだったよね。

（私は読むための本が何冊かほしいです。）

これが大事！ 感情の原因を表す「〜して」という意味もある！

I am glad to see you. （私はあなたに会えてうれしいです。）

 これは副詞用法の1つだよ。

 練習問題 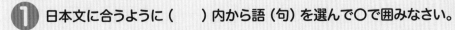➡解答は別冊 P.4

現在完了

不定詞を使った文

いろいろな文型

受け身

分詞

関係代名詞

仮定法

いろいろな表現

リスニング

3年生のおさらい

❶ 日本文に合うように（　　）内から語（句）を選んで〇で囲みなさい。

(1) 私たちはテレビゲームがしたいです。　テレビゲーム：video game

We want (play / to play / playing) video games.

(2) 私は本を読むために図書館に行きました。　図書館：library

I went to the library (to read / read / reading) a book.

(3) 私には読むべき本がたくさんあります。

I have a lot of books (read / reading / to read).

(4) 私たちはそのニュースを聞いてうれしかったです。　ニュース：news

We were happy (hear / heard / to hear) the news.

❷ 日本文に合うように，　　　に適する語を1つずつ書きなさい。

(1) 彼は博物館を訪れるのが好きです。　博物館：museum

He likes 　　　　　　　　　　　　　museums.

(2) 彼女はテレビを見るために5時に家に帰りました。　家に帰る：go home

She went home at five 　　　　　　　　　　TV.

(3) 私たちにはやるべき仕事がたくさんありました。　仕事：work

We had a lot of work 　　　　　　　　　　.

(4) 私は新聞を読んでおどろきました。　新聞：newspaper　おどろいた：surprised

I was surprised 　　　　　　　　　the newspaper.

ゼッタイ！これだけ 〈to ＋動詞の原形〉

「〜すること」「〜するために」「〜するべき」

23

8 人に「～してほしい」と頼む ときなどは want, tell, ask を使う！

〈want / tell / ask ＋（人）＋ to ＋動詞の原形〉の文

なぜ学ぶの？ 誰かに頼み事をしたいときに「～してほしい」などと言えたらいいよね。そんなふうに人に何かをしてもらうときは動詞の want, tell, ask それぞれを使った表現で言い表せるよ。

これが 大事！ 「（人）に～してほしい」は 〈want ＋（人）＋ to ＋動詞の原形〉で表す！

I want you to help me.

（私はあなたに手伝ってほしいです。）

help「手伝う」はすぐ前の you「あなた」が すること, つまり「あなたが手伝う」ことを 望んでいる。

◀ want to ～（～したい）と区別しよう！

これが 大事！ 「（人）に～するように言う」は 〈tell ＋（人）＋ to ＋動詞の原形〉で表す！

My teacher told me to use English.

（私の先生は私に英語を使うように言いました。）

これが 大事！ 「（人）に～するように頼む」は 〈ask ＋（人）＋ to ＋動詞の原形〉で表す！

My father asked me to wash his car.

（私の父は私に車を洗うように頼みました。）

練習問題 →解答は別冊 P.4

❶ 日本文に合うように，□□□□ に適する語を１つずつ書きなさい。

(1) 私はあなたにこの腕時計を使ってほしいです。　　使う：use

I □□□□ □□□□ □□□□ use this watch.

(2) 私の母は私にその部屋をそうじするように言いました。　　そうじする：clean

My mother □□□□ □□□□ □□□□ clean the room.

(3) 彼らは私にこの箱を運ぶように頼みました。　　運ぶ：carry

They □□□□ □□□□ □□□□ carry this box.

❷ （　　）内の語を並べかえて，正しい英文を完成させなさい。

(1) 私たちはあなたにここに来てほしいです。

We (come / want / to / you) here.
We □□□□ here.

(2) 彼はナンシー（Nancy）にそこにいるように言いました。　　そこにいる：stay there

He (Nancy / to / told / stay) there.
He □□□□ there.

(3) 私はトム（Tom）にピアノを弾くように頼みました。

I (play / asked / to / Tom) the piano.
I □□□□ the piano.

ゼッタイ！
これ
だけ

〈want ＋（人）＋ to ＋動詞の原形〉「（人）に～してほしい」

〈tell ＋（人）＋ to ＋動詞の原形〉「（人）に～するように言う」

〈ask ＋（人）＋ to ＋動詞の原形〉「（人）に～するように頼む」

25

現在完了 / 不定詞を使った文 / いろいろな文型 / 受け身 / 分詞 / 関係代名詞 / 仮定法 / いろいろな表現 / リスニング / ３年生のおさらい

9 〈how to ＋動詞の原形〉で「〜のしかた」を表す！

〈疑問詞＋ to ＋動詞の原形〉の使いかた

なぜ学ぶの？

「どうすればいいですか」とたずねるだけでなく，「どうすればいいか教えてください」や「どうすればいいかわかりません」などと言いたいときがあるよね。そんなときは疑問詞を文の中に組み込んだ表現が使えるよ。

 これが大事！ 「どう〜すればよいか，〜のしかた」は〈how to ＋動詞の原形〉で表す！

I know how to get to Kyoto Station.

know の目的語

（私は京都駅への 行きかた を知っています。）

He taught me how to play the guitar.

（彼は私にギターの 弾きかた を教えてくれました。）

〈how to ＋動詞の原形〉は，know や tell などの動詞のあとでよく使われる。

 これが大事！ 「何を〜すればよいか」は〈what to ＋動詞の原形〉で表す！

Tell me what to buy for Harry.

（ハリーに 何を買えばよいか 教えてください。）

She knows what to say.

（彼女は 何を言えばよいか わかっています。）

その他の疑問詞 when「いつ」，where「どこ」，which「どれ」なども同じ様に使える。

〈when to ＋動詞の原形〉　「いつ〜すればよいか」

〈where to ＋動詞の原形〉　「どこへ [で] 〜すればよいか」

〈which to ＋動詞の原形〉　「どれを〜すればよいか」

現在完了

不定詞を使った文

いろいろな文型

受け身

分　詞

関係代名詞

仮定法

いろいろな表現

リスニング

3年生のおさらい

練習問題 →解答は別冊 P.4

❶ 日本文に合うように（　　）内から語を選んで〇で囲みなさい。

(1) 彼は私にスキーのしかたを教えてくれました。　教えた：taught

He taught me （how / what / when） to ski.

(2) 私は何をすればよいかわかりません。

I don't know （how / what / where） to do.

(3) 彼らはどこへ行けばよいか知りませんでした。

They didn't know （how / when / where） to go.

❷ （　　）内の語を並べかえて，正しい英文を完成させなさい。

(1) 彼女はこのケーキの作りかたを知りません。　ケーキ：cake

She doesn't （to / how / know / make） this cake.

She doesn't ＿＿＿＿＿＿＿＿＿＿ this cake.

(2) その店で何を買えばよいか教えてください。　店：shop

Tell （buy / to / me / what） at the shop.

Tell ＿＿＿＿＿＿＿＿＿＿ at the shop.

(3) アヤはいつ公園に行けばよいか知っていますか。　公園：park

Does Aya know （when / go / to） to the park?

Does Aya know ＿＿＿＿＿＿＿＿＿＿ to the park?

〈疑問詞＋ to ＋動詞の原形〉

「（疑問詞）〜すればよいか」

どうしても解けない場合は不定詞のおさらいへ GO!　P.22

10 「〜することは…だ」と不定詞を使って表す！

〈It is … to ＋動詞の原形 〜 .〉の文

なぜ学ぶの？

〈to＋動詞の原形〉を使って「そのレストランで夕食を食べることは〜」などの文を作ると，主語がとても長くなるね。英語にはそんな文の主語を it だけで表す方法があるよ。

これが大事！ 「〜することは…だ」は〈It is … to ＋動詞の原形 〜 .〉で表す！

It is interesting to learn English.
　　　　　　　　＝

（英語を学ぶことはおもしろいです。）

it は「それ」とは訳さず，to 〜を主語として訳す。

これが大事！ 〈It is … for ＋（人）＋ to ＋動詞の原形 〜 .〉の疑問文と否定文

ふつうの文 It is **easy** for Yuki to make a cake.

〈for ＋人〉は不定詞の前に置く。 （ユキにとってケーキを作ることは簡単です。）

be 動詞（ここでは was）を it の前に出す

疑問文 Was it **fun** for you to sing a song?

（あなたにとって歌を歌うことは楽しかったですか。）

be 動詞（ここでは is）の後ろに not を置く

否定文 It is not hard for Kenji to make lunch.

（ケンジにとって昼食を作ることは大変ではありません。）

練習問題 →解答は別冊 P.4

❶ 日本文に合うように，⬜⬜ に適する語を1つずつ書きなさい。

(1) 空港へ行くことは簡単です。　空港：airport

⬜⬜ ⬜⬜ easy ⬜⬜ get to the airport.

(2) 日本語を学ぶことはおもしろかったですか。　おもしろい：interesting

⬜⬜ ⬜⬜ interesting ⬜⬜ learn Japanese?

(3) 私たちにとって英語を勉強することは重要です。　重要な：important

⬜⬜ is important ⬜⬜ us ⬜⬜

study English.

❷ （　）内の語を並べかえて，正しい英文を完成させなさい。ただし，文頭にくる語も小文字にしてあります。

(1) 私にとってテレビゲームをすることは難しいです。　テレビゲーム：video game

(for / it / is / difficult) me to play video games.

⬜⬜ me to play video games.

(2) 早く起きることは大変ではありませんでした。　大変な：hard

It (was / to / hard / not) get up early.

It ⬜⬜ get up early.

(3) バスケットボールの試合を見るのは楽しいですか。　楽しい：fun

(fun / it / to / is) watch basketball games?

⬜⬜ watch basketball games?

〈It is ... for +（人）+ to +動詞の原形 ～ .〉
「（人）が［にとって］～することは…だ」

11 let, make を使って「(人) に〜させる」を表す！

〈let / help / make ＋ (人) ＋動詞の原形〉の文

なぜ学ぶの?

誰かに「〜してほしい」などと頼むときは 〈want / tell / ask ＋ (人) ＋ to ＋動詞の原形〉で表すことは習ったよね。want のかわりに let などのいくつかの動詞を使うと少し違う形で「〜させる」などと言えるよ。

これが大事! 「(人)に〜させる」は 〈let ＋ (人) ＋動詞の原形〉で表す！

人　動詞の原形

Please let me go with you.

(どうぞ私にあなたといっしょに行かせてください。)

My parents sometimes let me play video games.

(両親はときどき, 私にテレビゲームをさせてくれます。)

let はその人がしたいことをさせてあげるという意味。

これが大事! 「(人) が〜するのを手伝う」は 〈help ＋ (人) ＋動詞の原形〉, 「(人) に〜させる」は 〈make ＋ (人) ＋動詞の原形〉で表す！

I'll help you find your key.

(私はあなたがカギを見つけるのを手伝います。)

My teacher makes me study hard.

(私の先生は私を一生懸命に勉強させます。)

make は気の進まないことを無理にさせるという意味。

let と make は意味が違うんだね。

練習問題 →解答は別冊 P.5

❶ （　　）内の語を並べかえて，正しい英文を完成させなさい。

(1) 彼は私に彼のマンガ本を読ませてくれます。　マンガ本：comic book

He （me / read / lets） his comic books.

He _____ his comic books.

(2) 妹は私が部屋をそうじするのを手伝ってくれます。　妹：sister

My sister （clean / helps / me） my room.

My sister _____ my room.

❷ 日本文に合うように，□□□ に適する語を１つずつ書きなさい。

(1) 彼女にあなたのコンピュータを使わせてあげてください。　コンピュータ：computer

Please _____ _____ _____ your

computer.

(2) 私はあなたが宿題をするのを手伝うことができます。　宿題をする：do one's homework

I can _____ _____ _____ your

homework.

(3) 母は夕食後に私にお皿を洗わせます。　夕食後に：after dinner　皿：dish

My mother _____ _____ _____ the

dishes after dinner.

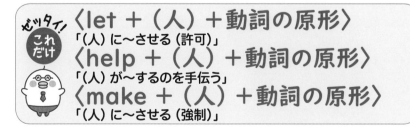

〈let ＋（人）＋動詞の原形〉
「（人）に〜させる（許可）」
〈help ＋（人）＋動詞の原形〉
「（人）が〜するのを手伝う」
〈make ＋（人）＋動詞の原形〉
「（人）に〜させる（強制）」

おっ！コタツ発見！

31

おさらい問題 8 ～ 11

❶ （　　）内の語を並べかえて，正しい英文を完成させなさい。ただし，文頭にくる語も小文字にしてあります。

(1) 私はあなたに一生懸命勉強してほしいです。　一生懸命に：hard

I (to / you / study / want) hard.

I _____ hard.

(2) 私にこの機械の使いかたを教えてくれませんか。　機械：machine

Can you tell (use / to / how / me) this machine?

Can you tell _____ this machine?

(3) その理由を私に教えてください。　理由：reason

(me / know / please / let) the reason.

_____ the reason.

❷ 日本文に合うように（　　）内から語を選んで〇で囲みなさい。

(1) 私はトムに手伝ってくれるように頼みました。

I (wanted / asked / said) Tom to help me.

(2) その女の子は何をすればよいかわかりませんでした。

The girl didn't know (what / when / how) to do.

(3) あのバスケットボール部に加わることは簡単です。　加わる：join

It is easy (to / for / in) join that basketball team.

❸ 日本文に合うように，□□□に適する語を1つずつ書きなさい。

(1) スミス先生（Mr. Smith）は私に宿題を終わらせるように言いました。

宿題：homework

Mr. Smith ☐ ☐ ☐ finish my homework.

(2) 医者になることは難しいですか。　医者：doctor　難しい：difficult

☐ ☐ difficult ☐ become a doctor?

(3) あなたがその机を運ぶのを手伝いましょうか。　机：desk　運ぶ：carry

Can I ☐ ☐ ☐ the desk?

❹ 次の英文を（　　）内の指示にしたがって書きかえなさい。

(1) Where should Bob go? He knows it.

（to を使って同じ意味を表す文に）　should：〜すべき

Bob knows ☐ ☐ ☐ .

(2) Winning an Olympic medal is difficult for her.

（It を主語にして同じ意味を表す文に）　win：勝ち取る　Olympic：オリンピックの

It ☐ difficult ☐ her ☐ win an Olympic medal.

(3) I have to run in the park because my coach tells me so.（「私に〜させる」の文に）　have to 〜：〜ねばならない　coach：コーチ

My coach ☐ ☐ ☐ in the park.

なんかわかってきたかも！

33

12 いろいろな形の文
〈look ＋形容詞〉〈give ＋（人）＋（もの）〉

なぜ学ぶの？

「〜は…に見える」や「（人）に（もの）をあげる」などの表現は日常生活ではよく使うけど、いざ英語で言うとなると少し難しいね。これらの形の文を覚えると表現できることがとても増えるよ。

これが大事！ 「〜に見える」は〈look 〜〉,「〜に聞こえる」は〈sound 〜〉で表す！

> **You** look **tired.** （あなたはつかれている ように見えます 。）
>
> look や sound のあとには形容詞（状態を表す言葉）がつづく。

これが大事！ 「（人）に（もの）を〜する」には2通りの言いかえ表現がある！

> 「人＋もの」⇒「もの＋ to ＋人」タイプ
>
> **He gave** me a book. （彼は私に本をくれました。）
> 　　　　　（人）　（もの）
>
> **He gave** a book to me.
> 　　　　　（もの）　　　（人）
>
> to と for は動詞によって使い分けるよ。
>
> 「人＋もの」⇒「もの＋ for ＋人」タイプ
>
> **She bought** me a book.
> 　　　　　　　（人）　（もの）　（彼女は私に本を買ってくれました。）
>
> **She bought** a book for me.
> 　　　　　　　　（もの）　　　（人）

---

to を使う動詞　give, teach, send, show, tell など。
for を使う動詞　buy, make, cook など。

練習問題

→解答は別冊 P.5

現在完了

不定詞を使った文

いろいろな文型

受け身

分詞

関係代名詞

仮定法

いろいろな表現

リスニング

3年生のおさらい

❶ 日本文に合うように, ☐☐☐ に適する語を1つずつ書きなさい。

(1) 彼は幸せそうに見えます。　幸せな : happy

He ☐☐☐ ☐☐☐ .

(2) ジェーン (Jane) は私にプレゼントをくれました。　プレゼント : present

Jane gave ☐☐☐ ☐☐☐ ☐☐☐ .

(3) 彼女は彼に誕生日ケーキを作ってあげました。　誕生日ケーキ : birthday cake

She ☐☐☐ ☐☐☐ a birthday cake.

❷ (　) 内の語 (句) を並べかえて, 正しい英文を完成させなさい。ただし, 文頭にくる語も小文字にしてあります。

(1) 彼女は昨日, 悲しそうに見えました。　悲しい : sad

(sad / looked / she) yesterday.

☐☐☐☐☐☐☐☐☐☐☐ yesterday.

(2) 私にその写真を見せてください。　写真 : picture

Please (show / the picture / me).

Please ☐☐☐☐☐☐☐☐☐ .

(3) トム (Tom) はアン (Ann) に CD を買ってあげました。

Tom bought (for / Ann / a CD).

Tom bought ☐☐☐☐☐☐☐☐☐ .

ゼッタイ！これだけ

〈look 〜〉
「〜に見える」

〈give + (人) + (もの)〉
「(人) に (もの) をあげる」

この調子なら
大丈夫そうだね。

13 「(人) に…ということを示す」などを表す文

〈show / tell / teach ＋ (人) ＋ that …〉の文

なぜ学ぶの?

〈show ＋ (人) ＋ (もの)〉＝「(人) に (もの) を見せる, 示す」という形は2年生で学習したね。この「(もの)」のかわりに that … を使うと,「(人) に…ということを示す」と言えるんだ。

これが大事! 「(人) に…ということを示す」は〈show ＋ (人) ＋ that …〉で表す!

The players [show] us [that] soccer is fun.

(その選手たちはサッカーが楽しい[ということを]私たちに[示しています]。)

The book [shows] you [that] cooking is interesting.

(その本は料理がおもしろい[ということを]あなたたちに[示しています]。)

that は「もの」を示すのではなく,「〜が…であるということ」を示す。

show

show | that　主語＋動詞 |
　　　　　　　　ということ

これが大事! 「(人) に…ということを言う」は〈tell ＋ (人) ＋ that …〉,「(人) に…ということを教える」は〈teach ＋ (人) ＋ that …〉で表す!

Some students [tell] me [that] I play the guitar well.

(何人かの生徒は私は上手にギターを弾く[と]私に[言います]。)

My father [teaches] me [that] anything is possible.

(父はどんなことでも可能だ[ということを]私に[教えてくれます]。)

練習問題 →解答は別冊 P.6

❶ （　　）内の語を並べかえて，正しい英文を完成させなさい。

(1) 圭_{けい}の勝利は私たちに彼がすばらしい選手だということを示しています。　勝利：victory

Kei's victory（that / us / shows）he is a great player.

Kei's victory 　　　　　　　　　　 he is a great player.

(2) 母は私に私が一生懸命に勉強するべきだと言います。　～すべき：should

My mother（me / tells / that）I should study hard.

My mother 　　　　　　　　　　 I should study hard.

(3) スミス先生は私たちに英語が重要だということを教えてくれました。

Ms. Smith（taught / that / us）English is important.

Ms. Smith 　　　　　　　　　　 English is important.

❷ 日本文に合うように，　　　　に適する語を1つずつ書きなさい。

(1) その絵は私たちに戦争が悲惨だということを示しています。　悲惨な：terrible

The picture 　　　　　　　　　　　　　　　　　　　 wars
are terrible.

(2) ケンは私に音楽は美しいと言います。

Ken 　　　　　　　　　　　　　　　　　　　 music is beautiful.

(3) 彼の間違いはあなたに人生は簡単ではないということを教えてくれます。

間違い：mistake　人生：life

His mistake 　　　　　　　　　　　　　　　　　　　 life is
not easy.

ゼッタイ！
これだけ

〈show / tell / teach ＋（人）＋ that ...〉
「（人）に…ということを～する」

37

⟳ P.26 9 〈how to ＋動詞の原形〉で「〜のしかた」を表す！

14 文の中に「だれが〜か」「なぜ〜か」がある文

〈疑問詞＋主語＋動詞〉の使いかた

なぜ学ぶの？

「これは何ですか？」という言いかたは以前に習ったけれど，「これは何なのか知りません」などと言いたいこともよくあるよね。ここでは，他の文の中に疑問文が入る文を勉強するよ。

これが大事！ 「だれですか」「なぜですか」を文の中に入れるときは〈疑問詞＋主語＋動詞〉の語順になる！

文の中に疑問詞のついた疑問文が入るときは，疑問詞の後ろはふつうの文の語順〈主語＋動詞〉。

ふつうの文 I don't know.（私は知りません。）　＋　**疑問文** Who is this girl?（この女の子はだれですか。）

I don't know who this girl is.
　　　　　　　　　　　主語　　動詞

（私はこの女の子が だれなのか 知りません。）

ふつうの文 Harry asked me.（ハリーは私にたずねました。）　＋　**疑問文** Why did she come here?（彼女はなぜここに来たのですか。）

Harry asked me why she came here.
　　　　　　　　　　　主語　　動詞

（ハリーは なぜ 彼女がここに来たの か 私にたずねました。）

Do you know when they left Japan?（彼らが いつ 日本を出発したか知っていますか。）
I don't know how he goes to school.（私は彼が どうやって 学校へ行くのか知りません。）

what, where などのほかの疑問詞にも使えるよ！

練習問題 →解答は別冊 P.6

① 日本文に合うように，　　　　に適する語を1つずつ書きなさい。

(1) トムはこれが何かわかりません。

Tom doesn't know 　　　　　　　　　　　　　　　.

(2) なぜケンがここにいるのか知っていますか。　ここに：here

Do you know 　　　　　　　　　　　　　　here?

(3) 彼女がだれか教えてくれませんか。　教える：tell

Can you tell me 　　　　　　　　　　　　？

② （　）内の語を並べかえて，正しい英文を完成させなさい。

(1) 私にはあれが何かわかりません。

I don't know (that / is / what).

I don't know 　　　　　　　　　　　　.

(2) ハリー (Harry) はケンがどこに行ったのか知っていますか。

Does Harry know (Ken / where / went)?

Does Harry know 　　　　　　　　　　　？

(3) メグ (Meg) がいつ日本に来るか教えてください。

Tell (comes / when / Meg / me) to Japan.

Tell 　　　　　　　　　　　　to Japan.

そろそろ帰って
いいよね？

〈what / who ＋主語＋動詞 ～〉
「主語が何／だれが～か」

〈when / where / why / how ＋主語＋動詞 ～〉
「主語がいつ／どこで／なぜ／どうやって～か」

39

P.30 11 let, make を使って「(人) に～させる」を表す！

15 「A を B と呼ぶ」「A を B にする」を表す文

〈call / make / name ＋ A ＋ B〉の文

なぜ学ぶの？

call, make は意外な使いかたがある動詞なんだ。直後に2つの語句を置くと、「ぼくは弟をヒロと呼ぶ」とか「私は彼女を幸せにする」などと言えるようになるよ。

 「A (人・もの) を B (呼び名) と呼ぶ」は〈call ＋ A ＋ B〉で表す！

> Taku [calls] his sister Meg.
>   A   ＝   B
>
> （タクは彼の妹をメグと呼びます。）
>
> his sister「彼の妹」＝ Meg「メグ」の関係になる。

AとBの順番を間違えないでね。

 「A (人・もの) を B (状態) にする」は〈make ＋ A ＋ B〉で表す！

「A (私) を B (幸せな状態) にする」の語順

> Meg's smile [made] me happy.
>   A   ＝   B
>
> （メグの笑顔は私を幸せにしました。）
>
> ここでも me「私」＝ happy「幸せな」の関係になっている。

 「A (人・もの) を B (名前) と名づける」は〈name ＋ A ＋ B〉で表す！

> She [named] this dog Pochi.
>   A   ＝   B
>
> （彼女はこの犬をポチと名づけました。）

練習問題

→解答は別冊 P.6

❶ 日本文に合うように，［　　］に適する語を１つずつ書きなさい。

(1) 私の友だちは私をアキと呼びます。　友だち：friend

My friends ［　　　　　］ me Aki.

(2) この歌は私たちを幸せにします。　歌：song

This song ［　　　　　］ us happy.

(3) 彼らは娘をジェーン（Jane）と名づけました。　娘：daughter

They ［　　　　　］ their daughter Jane.

❷ （　）内の語（句）を並べかえて，正しい英文を完成させなさい。

(1) 私のことをナンシー（Nancy）と呼んでください。

Please （call / Nancy / me）.

Please ［　　　　　　　　　　　　　　　］ .

(2) サッカーの練習はケンを疲れさせました。　練習：practice

The soccer practice （made / tired / Ken）.

The soccer practice ［　　　　　　　　　　　］ .

(3) その両親は赤ちゃんをマナと名づけました。　両親：parents

The parents （the baby / Mana / named）.

The parents ［　　　　　　　　　　　　　］ .

> あっ寒気が！
> もう帰らないと。

ゼッタイ！これだけ

〈call / make / name ＋ A ＋ B〉
「A を B と呼ぶ／にする／と名づける」

右側タブ（上から下）：
現在完了／不定詞を使った文／いろいろな文型／受け身／分詞／関係代名詞／仮定法／いろいろな表現／リスニング／3年生のおさらい

16 I'm 〜 that … で「きっと…だ」などを表す！

〈I'm sure / afraid that …〉の文

なぜ学ぶの?

「〜が…する」ということを確信したり，残念に思ったりすることはあるよね。ここでは that … を使って「きっと…だ」とか「…を残念に思う」と言えるようになるよ。

これが大事! 〈I'm sure that …〉で「きっと…だ」を表す！

I'm sure (that) you can win the game.

(きっと あなたはその試合に勝つことができる でしょう 。)

応援しているから。

that は省略されることもあるよ。

これが大事! 〈I'm afraid that …〉で「…を残念に思う」を表す！

I'm afraid (that) I can't go with you.

(あなたたちといっしょに行けないこと を残念に思います 。)

〈I'm afraid that …〉は「残念ながら…だ」と訳すこともあるよ。

他にも以下の形容詞が同じ形をとる。

I'm glad that … 「…がうれしい」

I'm surprised that … 「…におどろく」

練習問題 →解答は別冊 P.6

1 ( ) 内の語を並べかえて，正しい英文を完成させなさい。

(1) きっと私たちは明日ボブに会えるでしょう。 ～に会う：meet

(that / sure / I'm) we can meet Bob tomorrow.

　　　　　　　　　　　　　　 we can meet Bob tomorrow.

(2) あなたが試合でプレーできないことが残念です。

(afraid / I'm / that) you won't play in the game.

　　　　　　　　　　　　　　 you won't play in the game.

(3) あなたが私のために朝食を作ってくれてうれしいです。 朝食：breakfast

(I'm / that / glad) you made breakfast for me.

　　　　　　　　　　　　　　 you made breakfast for me.

2 日本文に合うように， に適する語を1つずつ書きなさい。

(1) きっと日曜日は雨が降るでしょう。 雨が降る：rain

　　　　　　　　　　 that it's going to rain on

Sunday.

(2) 私はトムが日本を去ることを残念に思います。 去る：leave

I'm 　　　　　　　　 Tom will leave Japan.

(3) 父が突然カナダから帰国しておどろいています。 突然：suddenly

　　　　　　　　　　　　　　 that my father

came back from Canada suddenly.

ちょっと急用
思いだした！▶

〈I'm sure / afraid that ...〉

「きっと…だ／…を残念に思う」

43

おさらい問題 12 〜 16

1 日本文に合うように（　）内から語を選んで○で囲みなさい。

(1) 私はあれが何か知っています。

I know (where / what / when) that is.

(2) あの男の子がだれか教えてくれませんか。　～してくれませんか。：Can you ～ ?

Can you tell me (how / who / what) that boy is?

(3) 彼の友だちは彼をマイク (Mike) と呼びます。

His friends (call / make / name) him Mike.

(4) この地図は図書館がここから近いということを示しています。　地図：map

This map (has / shows / knows) that the library is near here.

2 （　）内の語（句）を並べかえて，正しい英文を完成させなさい。

(1) トムは私に彼がどうやって駅に来たか教えてくれました。

駅：station　～に着く：get to

Tom told me (he / got / how / to) the station.

Tom told me ［　　　　　　　　　　］ the station.

(2) 私は弟がいつ帰ってきたのか知りません。

I don't know (came / when / home / my brother). 帰る：come home

I don't know ［　　　　　　　　　　］.

(3) 彼女の歌は私をいつも幸せな気持ちにします。　歌：song　いつも：always

Her songs always (happy / me / make).

Her songs always ［　　　　　　　　　　］.

❸ 日本文に合うように、□□□□ に適する語を1つずつ書きなさい。

(1) あなたはなぜ彼が京都にいたのか知っていますか。

Do you know □□□□ □□□□ □□□□ in Kyoto?

(2) ケンが私たちに加わらないのが残念です。　加わる : join

□□□□ □□□□ □□□□ Ken won't join us.

(3) その物語は私を悲しませました。　物語 : story

The story □□□□ □□□□ □□□□ .

(4) メグ (Meg) はその犬をクロ (Kuro) と名づけました。

Meg □□□□ □□□□ □□□□ □□□□ .

❹ 次の英文を ( ) 内の指示にしたがって書きかえなさい。

(1) Where did Ken go? I don't know it.

（went を使ってほぼ同じ意味を表す一文に）

I don't know □□□□ □□□□ □□□□ .

(2) My father bought a new car. He said that to me.

（told を使ってほぼ同じ意味を表す一文に）　bought : 買った

My father □□□□ □□□□ □□□□ he bought a new car.

(3) Mika can swim fast. I'm sure of that.

（sure を使って「きっと〜でしょう」の文に）　be sure of 〜 : 〜を確信している

□□□□ □□□□ □□□□ Mika can swim fast.

17 〈be 動詞＋過去分詞〉で「〜される」を表す！

受け身の文とは

なぜ学ぶの？

たとえば「私の家族は愛犬のコロが好き」と言う文は，コロの立場から見ると「家族から好かれている」となるよね。このような「〜される」という言いかたを受け身の文と言うんだ。ここでは受け身の言いかたがわかるよ。

これが大事！ 「〜される」は〈be 動詞＋過去分詞〉で表す！

Sushi is eaten in Japan.
     be 動詞 過去分詞

（すしは日本で 食べられています 。）

be 動詞は主語に合わせて am, is, are を使い分ける！

これが大事！ 「（人・もの）によって」は〈by ＋（人・もの）〉で表す！

This ball is used by the soccer players.
       be 動詞 過去分詞   動作をする人

（このボールは サッカー選手たち に（よって）使われます。）

ふつうの文	They love her.（彼らは彼女を愛しています。） 現在形
受け身の文	She is loved by them.（彼女は彼ら に 愛されています。） 主語 She に合わせて〈is ＋過去分詞〉

主語 by〜

「〜されている人」が主語，「している人」は by のあとに続けるんだね。

練習問題 →解答は別冊 P.7

1 日本文に合うように（　　）内から語を選んで〇で囲みなさい。

(1) このマンガは世界中で愛されています。 世界中で：all around the world

This comic book (am / is / are) loved all around the world.

(2) この博物館はたくさんの人々に訪れられます。 博物館：museum

This museum (am / is / are) visited by many people.

(3) これらの机は私の生徒に使われています。

These desks (am / is / are) used by my students.

2 日本文に合うように，□□□ に適する語を1つずつ書きなさい。

(1) 英語はたくさんの国で話されています。 国：country 「～（国）で」は前置詞 in で表す。

English □□□ □□□ □□□ many countries.

(2) 京都は毎年，たくさんの人々に訪れられます。 毎年：every year

Kyoto □□□ □□□ □□□ many people every year.

(3) これらの部屋は毎日，生徒たちに使われています。

These rooms □□□ □□□ □□□ the students every day.

 〈be 動詞＋過去分詞＋ by ＋［人・もの］〉
「…によって～される」

よーし！ やるぞ！

18 〈was, were ＋過去分詞〉で 「～された」を表す！

過去の受け身の文／ by 以外の前置詞を使う受け身表現

なぜ学ぶの？

「～される」という受け身の文はマスターしたけど，「この本は夏目漱石によって書かれた」みたいに過去のことを受け身で言いたいこともあるよね。受け身の決まった言い方とあわせて勉強しよう。

これが大事！ 「～された」は〈was, were ＋過去分詞〉で表す！

This temple was built 200 years ago.

　　　　　　　　　（このお寺は200年前に 建てられました 。）

現在の受け身の文の be 動詞を過去形（主語に合わせて was, were）に変える。

現在の受け身 This game <u>is</u> enjoyed by a lot of children.

（このゲームはたくさんの子どもたちに楽しまれ（てい）<u>ます</u>。）

過去の受け身 This game <u>was</u> enjoyed by a lot of children.

　　　　　　　　　主語に合わせて was

（このゲームはたくさんの子どもたちに楽しまれ<u>ました</u>。）

これが大事！ 「～に（よって）」が〈by ～〉ではなく〈to ～〉や〈with ～〉を使うこともある！

They were known to everyone.

　　　　　be 動詞＋過去分詞　　　（彼らはみんな に 知られて いました。）

Kinkaku-ji was covered with snow.
きんかくじ

　　　　　　　（金閣寺は雪 で おおわれて いました。）

by 以外の語を使うものは決まった表現としておぼえてしまおうね！

・be known to ～　　　（～に知られている）
・be covered with ～　　（～でおおわれている）
・be surprised at ～　　（～におどろく）
・be interested in ～　　（～に興味がある）

練習問題 →解答は別冊 P.7

1 日本文に合うように（　　）内から語を選んで〇で囲みなさい。

(1) この家は2年前に建てられました。　建てる：build（過去分詞は built）

This house （is / was） built two years ago.

(2) これらの写真は昨年撮られました。　昨年：last year

These pictures （are / were） taken last
year.

(3) その山は雪でおおわれていました。　山：mountain　雪：snow

The mountain was covered （for / with）
snow.

2 日本文に合うように，□□□に適する語を1つずつ書きなさい。

(1) その車は日本で作られました。　車：car

The car □□□ □□□ in Japan.

(2) この自転車はトムにこわされました。　自転車：bike　こわす：break

This bike □□□ □□□ by Tom.

(3) 彼らはそのニュースに興味がありました。　ニュース：news

They □□□ interested □□□ the news.

おやつタイム
にするか…

ゼッタイ！
これ
だけ
〈was, were ＋過去分詞＋ by ＋［人・もの］〉
「…によって～された」

どうしても解けない場合は受け身の文とはへ GO! P.46

おさらい問題 17～18

❶ 日本文に合うように（　　）内から語（句）を選んで〇で囲みなさい。

(1) 彼女はみんなに愛されています。　みんな：everyone

She （loves / is loved） by everyone.

(2) これらの写真は20年前に撮られました。　（写真）を撮る：take

These pictures （was / were） taken twenty years ago.

(3) この公園はたくさんの人々に訪れられます。

This park is visited （by / at / in） many people.

❷ （　　）内の語を並べかえて，正しい英文を完成させなさい。

(1) そのレストランは9時に閉められます。　閉める：close

The restaurant （at / closed / is） nine.

The restaurant ＿＿＿＿＿＿＿＿＿＿＿＿ nine.

(2) そのダンスは多くの若者に学ばれました。　ダンス：dance

The dance （learned / was / by） many young people.

The dance ＿＿＿＿＿＿＿＿＿＿＿＿ many young people.

(3) 私はその話におどろきました。　話：story

I （at / was / surprised） the story.

I ＿＿＿＿＿＿＿＿＿＿＿＿ the story.

現在完了

不定詞を使った文

いろいろな文型

受け身

分詞

関係代名詞

仮定法

いろいろな表現

リスニング

3年生のおさらい

3 日本文に合うように，　　　　に適する語を1つずつ書きなさい。

(1) この国では英語が話されています。　話す：speak

English 　　　　　　　　　　　　in this country.

(2) この部屋は昨日使われました。

This room 　　　　　　　　　yesterday.

(3) 私たちの町は雪でおおわれています。　町：town

Our town 　　　　　　　　　　　　snow.

(4) 私は日本の文化に興味があります。　文化：culture

I 　　　　　　　　　　　　　Japanese

culture.

4 次の英文を（　　）内の指示にしたがって書きかえなさい。

(1) Many people visit Tokyo.（下線部を主語にして「〜される」の文に）

Tokyo 　　　　　　　　　　　　many

people.

(2) Tom broke the toy.（下線部を主語にして「〜された」の文に）

broke：break（こわす）の過去形

The toy 　　　　　　　by Tom.

(3) Many people know him.（下線部を主語にして「〜される」の文に）

He 　　　　　　　　　　　　many people.

夢の中で
勉強中

19 「〜されますか」「〜されましたか」とたずねる文

受け身の疑問文

P.54

なぜ学ぶの?

受け身の文で「〜されますか」「〜されましたか」と質問することもよくあるよね。
さらには「いつ〜されますか」「どこで〜されましたか」とたずねられたら便利だね。

これが大事! 「〜されますか」「〜されましたか」は
〈be 動詞＋主語＋過去分詞 〜 ?〉で表す!

ふつうの受け身の文の主語と be 動詞を逆にする。

Is this room **cleaned** every day **?**
be 動詞　　主語　　　　過去分詞

（この部屋は毎日 そうじされていますか 。）

— **Yes, it is.**　（はい, されています 。）

— **No, it isn't.**　（いいえ, されていません 。）

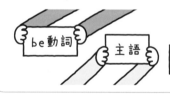

be 動詞　主語　過去分詞

> ふつうの be 動詞の文と
> 作り方は同じだよ!

これが大事! 「いつ／どこで／どのように〜されますか」は
〈疑問詞＋ be 動詞＋主語＋過去分詞 〜 ?〉で表す!

When **was** this temple **built** **?**
疑問詞　 be 動詞　　主語　　　　過去分詞

（このお寺は いつ建てられましたか 。）

— **It was built 700 years ago.**
（それは700年前に建てられました。）

練習問題 →解答は別冊 P.8

① 日本文に合うように, ▢▢▢ に適する語を1つずつ書きなさい。

(1) この学校でフランス語は教えられていますか。 フランス語：French

▢▢▢ French ▢▢▢ in this school?

(2) あなたはそのパーティーに招待されましたか。 招待する：invite

▢▢▢ you ▢▢▢ to the party?

(3) この家はいつ建てられましたか。 建てる：build

▢▢▢ ▢▢▢ this house ▢▢▢ ?

② (　) 内の語 (句) を並べかえて, 正しい英文を完成させなさい。ただし, 文頭にくる語も小文字にしてあります。

(1) このコンピュータは生徒たちに使われていますか。 コンピュータ：computer

(used / this computer / is) by the students?

▢▢▢ by the students?

(2) この部屋は昨日そうじされましたか。

(this room / was / cleaned) yesterday?

▢▢▢ yesterday?

(3) そのカバンはどこで作られましたか。

(made / was / the bag / where)?

▢▢▢ ?

 〈be 動詞＋主語＋過去分詞 ～ ?〉
「～されます [した] か」

現在完了
不定詞を使った文
いろいろな文型
受け身
分詞
関係代名詞
仮定法
いろいろな表現
リスニング
3年生のおさらい

どうしても解けない場合は受け身の文とはへ GO! P.46

53

20 「〜されない」「〜されなかった」を表す文
受け身の否定文

なぜ学ぶの？「〜される」「〜された」の疑問文を学習したけど、「〜されない」「〜されなかった」という否定文も覚えておかないといけないよね。作り方はふつうの be 動詞の文と同じで、be 動詞の後ろに not を置くだけだよ。

これが大事！ 「〜されない」「〜されなかった」は 〈be 動詞＋ not ＋過去分詞〉で表す！

The menu is [not] written in English.
be 動詞の後ろに not

（そのメニューは英語で書かれていま[せん]。）

| ふつうの文 | We <u>use</u> this computer. | 〔使う〕 |

動詞

| 否定文 | We <u>do not use</u> this computer. | 〔使わない〕 |

do ＋ not ＋動詞の原形

| 受け身の文 | This computer <u>is used</u> by us. | 〔使われる〕 |

be 動詞＋過去分詞

| 否定文 | This computer <u>is not used</u> by us. | 〔使われない〕 |

be 動詞＋ not ＋過去分詞

受け身の否定文は be 動詞のあとに not を置く。He is Mike. を否定文にすると He is <u>not</u> Mike. になるのと同じ。

「〜されなかった」の文は be 動詞を過去形 was, were にするだけだよ。

練習問題

→解答は別冊 P.8

① 日本文に合うように，□□□□□ に適する語を1つずつ書きなさい。

(1) このメニューは日本語で書かれていません。　メニュー：menu

This menu □□□ □□□ written in Japanese.

(2) その腕時計はこの部屋で見つけられませんでした。　腕時計：watch

The watch □□□ □□□ found in this room.

(3) これらの写真は京都で撮られたのではありませんでした。　写真を撮る：take pictures

These pictures □□□ □□□ in Kyoto.

② (　) 内の語を並べかえて，正しい英文を完成させなさい。

(1) 私たちの部屋は今日そうじされませんでした。

Our room (was / cleaned / not) today.

Our room □□□ today.

(2) これらの箱は日本で作られていません。　箱：box

These boxes (made / are / not) in Japan.

These boxes □□□ in Japan.

(3) このコンピュータは昨日使われませんでした。　コンピュータ：computer

This (computer / used / wasn't) yesterday.

This □□□ yesterday.

〈be 動詞 ＋ not ＋過去分詞〉
「～されない，～されなかった」

どうしても解けない場合は受け身の文とはへ GO! P.46

おさらい問題 19〜20

❶ 日本文に適する英訳を選び，記号を◯で囲みなさい。

(1) 彼女の英語はアメリカで理解されますか。 理解する：understand

　　ア Is her English understood in America?

　　イ Did she understand English in America?

(2) 公園ではサッカーはされませんでした。

　　ア Soccer wasn't played in the park.

　　イ Soccer has never played in the park.

(3) 彼のEメールはいつ送られましたか。 Eメール：e-mail　送る：send（過去分詞は sent）

　　ア When is his e-mail sent?

　　イ When was his e-mail sent?

❷ 次の英文を（　　）内の指示にしたがって書きかえなさい。

(1) English is taught in this school.
　　　　　　　（「〜されますか」の文に）　taught：teach（教える）の過去分詞

　　　☐☐☐☐ English ☐☐☐☐ in this school?

(2) These letters were written <u>ten years ago</u>.
　　　　　　（下線部をたずねる文に）　written：write（書く）の過去分詞

> 「いつ〜されたのですか」の文にすればいいね。

　　☐☐☐☐ ☐☐☐☐ these letters ☐☐☐☐ ?

(3) Japanese is spoken in this class.
　　　　　　（「〜されない」の文に）　spoken：speak（話す）の過去分詞

Japanese ☐☐☐☐ ☐☐☐☐ ☐☐☐☐ in this class.

現在完了

不定詞を使った文

いろいろな文型

受け身

分詞

関係代名詞

仮定法

いろいろな表現

リスニング

3年生のおさらい

❸ （　　）内の語（句）を並べかえて，正しい英文を完成させなさい。ただし，文頭にくる語も小文字にしてあります。

(1) この歌手は多くの人に愛されていますか。　歌手：singer

(is / loved / this singer / by) many people?

_____ many people?

(2) あなたの家はいつ建てられたのですか。　建てる：build（過去分詞は built）

(was / your house / when / built)?

_____ ?

(3) この機械は昨日使われませんでした。　機械：machine

This (was / used / machine / not) yesterday.
This _____ yesterday.

❹ 日本文に合うように，_____に適する語を1つずつ書きなさい。

(1) このおもちゃはどこで作られましたか。　おもちゃ：toy

_____ _____ this toy _____ ?

(2) あれらの箱はどのようにして運ばれましたか。　箱：box

_____ _____ those boxes _____ ?

(3) 私はそのパーティーに招待されませんでした。　招待する：invite

I _____ _____ _____ to the party.

これでわかったも同然だ！

57

21 ing 形を使って「〜している…」と名詞を修飾するには
現在分詞の後置修飾

なぜ学ぶの? 人やものを説明する場合,「あの背の高い女性」とか「その白い本」などと言うよね。でも,「〜している人」とか「〜している車」などと表現できたらもっと便利だね。現在分詞 (動詞の ing 形) を使ってそれを表してみよう。

これが大事! 「〜している (人・もの)」は〈(人・もの) ＋動詞の ing 形＋語句〉で表す!

I know that girl speaking English.

(私は英語を話しているあの女の子を知っています。)

〈動詞の ing 形＋語句〉がひとかたまりで, 直前にある「人・もの」を説明する。

名詞 (人・もの)

〜ing＋語句

〜 ing の後には語 (句) が続くよ。

That boy playing with his dog is Tom. (犬と遊んでいるあの男の子はトムです。)

〈動詞の ing 形＋語句〉は That boy を説明している。

練習問題 ➡解答は別冊 P.9

❶ 日本文に合うように，□□□に適する語を1つずつ書きなさい。

(1) 私はテニスをしているあの男の子を知っています。

I know that boy _____ _____ .

(2) 英語を話している男の人はスミス先生です。　スミス先生：Mr. Smith

The man _____ _____ is Mr. Smith.

(3) 海を見ているその女の子はユキです。　海：sea

The girl _____ _____ the sea is Yuki.

❷ （　）内の語（句）を並べかえて，正しい英文を完成させなさい。

(1) 木のそばに座っている犬を見てください。　座る：sit

Look at（by / the dog / sitting）the tree.
Look at _____ the tree.

(2) その部屋でテレビを見ている男の子はケンです。

The boy（TV / watching / in）the room is Ken.
The boy _____ the room is Ken.

(3) 向こうで魚を食べているネコが見えますか。　向こうで：over there

Can you see（eating / fish / the cat）over there?
Can you see _____
over there?

> たのむから昼寝だけさせてくれ！

 ゼッタイ！これだけ 〈[人・もの]＋動詞の ing 形＋語句〉
「〜している[人・もの]」

59

22 過去分詞を使って「〜された…」と名詞を修飾するには
過去分詞の後置修飾

なぜ学ぶの？

「〜している人」とか「〜している車」などの表現を勉強したけど，それじゃあ，「〜された人」とか「〜された車」などはどうやって表現するのだろうと思うよね。そんなときは過去分詞を使って表せるんだよ。

これが大事！ 「〜された〔人・もの〕」は〈〔人・もの〕＋過去分詞＋語句〉で表す！

This is a picture painted by Mr. Green.

（これはグリーンさんによって描かれた絵です。）

〈過去分詞＋語句〉がひとかたまりで，直前にある「人・もの」を説明する。

名詞
（人・もの）　過去分詞＋語句

This is a cake made by my mother.

（これは私の母によって作られたケーキです。）

〈過去分詞＋語句〉は a cake を説明する内容。

過去分詞だから受け身の意味になっているのか…

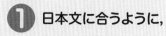 →解答は別冊 P.10

❶ 日本文に合うように，☐☐☐に適する語を1つずつ書きなさい。

(1) この店で売られている本は高いです。　売る：sell　高い：expensive

The books ☐☐☐☐☐ in this shop are expensive.

(2) これは５０年前に建てられた家です。　〜年前：〜 years ago　建てる：build

This is a ☐☐☐☐☐ ☐☐☐☐☐ fifty years ago.

(3) 母が作ったケーキはおいしかったです。　作る：make　おいしい：good

The cake ☐☐☐☐☐ ☐☐☐☐☐ my mother was good.

❷ （　　）内の語（句）を並べかえて，正しい英文を完成させなさい。

(1) これらはトムによって撮られた写真です。　（写真）を撮る：take（過去分詞は taken）

These are the pictures （by / taken / Tom）.
These are the pictures ☐☐☐☐☐☐☐☐☐☐ .

(2) この国で話されている言葉は英語です。　国：country　言葉：language

The language （in / spoken / this country） is English.
The language ☐☐☐☐☐☐☐☐☐☐
is English.

(3) 私は村上春樹によって書かれた本が好きです。　書く：write（過去分詞は written）

I like （written / the books / by） Murakami Haruki.
I like ☐☐☐☐☐☐☐☐☐ Murakami Haruki.

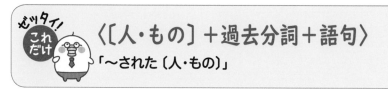

〈［人・もの］＋過去分詞＋語句〉
「〜された〔人・もの〕」

現在完了
不定詞を使った文
いろいろな文型
受け身
分詞
関係代名詞
仮定法
いろいろな表現
リスニング
3年生のおさらい

➡解答は別冊 P.10

おさらい問題 21〜22

❶ 日本文に合うように（　　）内から語を選んで〇で囲みなさい。

(1) 私はその道を走っている男の人を見ました。　道：street

I saw a man（running / run）on the street.

(2) 公園を歩いているあの男の子はタカシです。

That boy（walking / walked）in the park is Takashi.

(3) あの国で話されている言葉はフランス語です。　言葉：language　フランス語：French

The language（speaking / spoken）in that country is French.

(4) これは100年前に建てられたお寺です。　寺：temple

This is a temple（building / built）100 years ago.

❷ 日本文に合うように,（　　）内の語を適する形にかえて＿＿＿＿に書きなさい。

(1) 素早く動いているその小さな動物を見てください。（move）動物：animal

Look at the small animal ＿＿＿＿ quickly.

(2) 木の下で水を飲んでいる女の子はだれですか。（drink）水：water

Who is the girl ＿＿＿＿ water under the tree?

(3) これは若者に読まれている雑誌です。（read）雑誌：magazine

This is a magazine ＿＿＿＿ by young people.

(4) 3年前に見つけられたその古い絵は美しいです。（find）〜前：〜 ago　見つける：find

The old picture ＿＿＿＿ three years ago is beautiful.

現在完了

不定詞を使った文

いろいろな文型

受け身

分詞

関係代名詞

仮定法

いろいろな表現

リスニング

3年生のおさらい

❸ 日本文に合うように，□□□□□ に適する語を1つずつ書きなさい。

(1) ドーナツを食べている男の子は私の弟です。　ドーナツ：donut

The boy □□□□□ a donut is my brother.

(2) ピアノを弾いている女の子はジェーン (Jane) です。

The girl □□□□□ the piano is Jane.

(3) あの店で売られている服は安いです。　売る：sell　服：clothes　安い：cheap

The clothes □□□□□ in that store are cheap.

(4) 私は中国で作られたカメラを持っています。　中国：China　カメラ：camera

I have a camera □□□□□ in China.

❹ (　　) 内の語 (句) を並べかえて，正しい英文を完成させなさい。

(1) 向こうで走っている男の子はジョン (John) です。　向こうで：over there

The boy (over there / is / running / John).
The boy □□□□□□□□□□□□□□□ .

(2) これはトム (Tom) によって書かれた手紙です。　書く：write

This (written / is / a letter / by) Tom.
This □□□□□□□□□□□□□□□ Tom.

(3) あれはその女の子たちによって使われているボールです。

That is (by / used / the ball / the girls).
That is □□□□□□□□□□□□□□□ .

もう半分まで
きたんだね！

23 人やものを後ろから説明する〈名詞＋who / which / that ＋動詞 〜〉

関係代名詞とは

なぜ学ぶの?

「〜している…」や「〜された…」など，人やものを後ろから説明する文を学んだけど，もっと詳しく「昨日の朝東京駅で買ったパン」などと言うときには関係代名詞を使うよ。関係代名詞 who, which, that の使いかたを学ぶよ！

 これが大事！

人やものを後ろから説明する形は
〈（人）＋who [that] ＋動詞 〜〉，
〈（もの）＋which [that] ＋動詞 〜〉で表す！

名詞　　関係代名詞 who　　動詞

Harry is the boy who likes cooking.

（ハリーは料理をするのが好きな男の子です。）

「人」である the boy を〈関係代名詞 who ＋動詞 likes 〜〉が説明しており，関係代名詞はその直前にある「人」や「もの」の説明が始まる目印となる。

| 人やもの | ← 関係代名詞＋動詞 〜 |

| 人 | ← who [that] ＋動詞 〜 | 〜する人 |

| もの | ← which [that] ＋動詞 〜 | 〜するもの |

that は「人」「もの」のどちらの場合でも使えるよ。

練習問題 →解答は別冊 P.10

① 日本文に合うように（　　）内から語を選んで○で囲みなさい。

(1) ミキはギターを弾く女の子です。　ギター：guitar

Miki is the girl（who / which）plays the guitar.

(2) これは私を幸せにした手紙です。

This is the letter（who / which）made me happy.

(3) スミスさん（Mr. Smith）はこの写真を撮った男の人です。

Mr. Smith is the man（which / who）took
this picture.

(4) 向こうで泳いでいる男の子はケンです。　向こうで：over there

The boy（who / which）is swimming over there is Ken.

(5) これは神戸へ行く電車です。

This is the train（who / that）goes to Kobe.

(6) 速く走るサッカー選手はマイク（Mike）の友だちです。

The soccer player（that / which）runs fast
is Mike's friend.

(7) 私はとてもかっこよく見えるジャケットがほしいです。　ジャケット：jacket

I want a jacket（who / that）looks very cool.

(8) 部屋をそうじしてくれるロボットが人気です。　ロボット：robot

The robots（who / that）clean rooms are popular.

ガンバレ！わたし！

 〈名詞＋ who / which / that ＋動詞 〜〉
「〜する（名詞）」

24 〈(人) + who +動詞 ～〉で人を後ろから説明する文

主格の関係代名詞 who

なぜ学ぶの?

関係代名詞の基本は前回学んだよね。「～する (人)」と人を後ろから説明するときに使われるのが〈who +動詞 ～〉の形で, 主格の関係代名詞 who と呼ばれるよ。どんな人なのかを詳しく説明する場合に, この形の文が役に立つんだ。

これが大事! 人を後ろから説明するときは〈(人) + who +動詞 ～〉で表す!

人 関係代名詞 動詞

a friend は3人称単数なので s をつける

I have a friend who lives in Kyoto.

(私には京都に住んでいる友だちがいます。)

I have a friend who is a soccer player.

(私にはサッカー選手である友だちがいます。)

〈who +動詞 ～〉は a friend を説明する内容。
この who のかわりに that が使われることもある。

これが大事! 関係代名詞 who は「説明される人」と「人を説明する部分」を結びつける。

「人」と「人を説明する部分」を結びつけるのが関係代名詞 who の役割。「人」を表す語の後ろにくる who は, その後ろが「人を説明する部分」だという目印。

説明される人	人を説明する部分
I have a sister.	+ She speaks English well.
(私には姉[妹]がいます。)	(彼女は上手に英語を話します。)

I have a sister who speaks English well.

(私には英語を上手に話す姉[妹]がいます。)

練習問題 →解答は別冊 P.11

現在完了

不定詞を使った文

いろいろな文型

受け身

分詞

関係代名詞

仮定法

いろいろな表現

リスニング

3年生のおさらい

❶ 日本文に合うように（　）内から語を選んで○で囲みなさい。

(1) ジロウは名古屋に住んでいる男の子です。　住んでいる：live

Jiro is a boy（who / he）lives in Nagoya.

(2) この絵を描いた女の子はケンのお姉さんです。　描く：paint

The girl（who / she）painted this picture is Ken's sister.

(3) 体育館でおどっている生徒たちを知っていますか。　体育館：gym　おどる：dance

Do you know the students（which / who） are dancing in the gym?

❷ （　）内の語を並べかえて，正しい英文を完成させなさい。

(1) ケンには先生をしているおじさんがいます。　おじさん：uncle

Ken has an uncle（a / is / teacher / who）.

Ken has an uncle ＿＿＿＿＿＿＿＿＿＿＿.

(2) キャシー（Cathy）はアメリカ出身の学生です。　アメリカ：America

Cathy is a student（comes / who / from）America.

Cathy is a student ＿＿＿＿＿＿＿＿ America.

(3) 私はあの家を建てた男の人を知っています。　建てる：build（過去形は built）

I know the man（that / built / who / house）.

I know the man ＿＿＿＿＿＿＿＿＿＿.

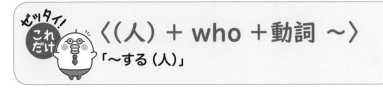

ぜッタイ！ これだけ 〈（人）＋ who ＋動詞 ～〉
「～する（人）」

25 〈(もの) + which +動詞 ～〉でものを後ろから説明する文

主格の関係代名詞 which

なぜ学ぶの？

「～する (もの)」とものを後ろから説明するときに使われるのが〈which +動詞 ～〉の形で，この which は主格の関係代名詞 which と呼ばれるよ。人以外のものや動物を関係代名詞で説明できるようになるよ。

これが大事！ ものを後ろから説明するときは〈(もの) + which +動詞 ～〉で表す！

もの	関係代名詞	動詞

the train は3人称単数なので goes

This is the train which goes to Arashiyama.

（これは嵐山へ行く電車です。）

〈which +動詞 ～〉は the train を説明する内容。この which のかわりに that が使われることもある。

これが大事！ 関係代名詞 which は「説明されるもの」と「ものを説明する部分」を結びつける。

「もの(動物)」と「もの(動物)を説明する部分」を結びつけるのが関係代名詞 which の役割。「もの(動物)」を表す語の後ろにくる which は，その後ろが「もの(動物)を説明する部分」だという目印。

説明される動物 　　　　動物を説明する部分

That is the dog. + **It runs very fast.**

（あれは犬です。） 　　（それはとても速く走ります。）

That is the dog which runs very fast.

（あれはとても速く走る犬です。）

練習問題 →解答は別冊 P.11

現在完了

不定詞を使った文

いろいろな文型

受け身

分詞

関係代名詞

仮定法

いろいろな表現

リスニング

3年生のおさらい

❶ 日本文に合うように（　　）内から語を選んで○で囲みなさい。

(1) これは京都へ行くバスです。

This is the bus（who / which）goes to Kyoto.

(2) 大きな窓がある家はとてもすてきです。　すてきな：nice

Houses（who / which）have large windows
are very nice.

(3) 私のベッドの上で眠っているネコを見てください。　～を見る：look at ～

Look at the cat（which / who）is sleeping
on my bed.

❷（　　）内の語（句）を並べかえて，正しい英文を完成させなさい。

(1) あれは横浜へ行く電車です。

That is（goes / which / the train）to Yokohama.
That is _____ to Yokohama.

(2) これは10時に出発するバスです。　出発する：leave

This is the bus（leaves / which / ten / at）.
This is the bus _____ .

(3) 向こうで泳いでいる動物は何ですか。

What is（swimming / the animal / is / which）over there?
What is _____ over there?

〈（もの）＋ which ＋動詞 ～〉

「～する（もの）」

26 〈(人・もの) ＋ that ＋動詞 〜〉で人やものを後ろから説明する文
主格の関係代名詞 that

なぜ学ぶの?

「〜する (人)」では who,「〜する (もの)」では which を使うと勉強してきたけど, who や which のかわりに that を使うこともあるんだ。「人」にも「もの」にも使えるこの 〈that ＋動詞 〜〉は便利なんだよ。

**これが
大事!** 人やものを後ろから説明するときは
〈(人・もの) ＋ that ＋動詞 〜〉で表す!

|もの|関係代名詞|動詞|

This is the movie (that) makes me happy.

（これは私を幸せにする映画です。）

〈that ＋動詞 〜〉は the movie を説明する内容。
この that のかわりに which が使われることもある。

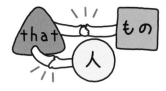

**これが
大事!** 関係代名詞 that は「説明される人・もの」と「人・ものを
説明する部分」を結びつける。

「人・もの」と「人・ものを説明する部分」を結びつけるのが関係代名詞 that の役割。「人・もの」を表す語の後ろにくる that は, その後ろが「人・ものを説明する部分」だという目印。

説明される人　　　　　　　　人を説明する部分
I know the girl. ＋ (She) wears a T-shirt.
（私はその女の子を知っています。）　　（彼女はTシャツを着ています。）

I know the girl (that) wears a T-shirt.
（私はTシャツを着ている女の子を知っています。）

練習問題 →解答は別冊 P.11

① 日本文に合うように（　　）内から語を選んで〇で囲みなさい。

(1) これは私を悲しくさせる歌です。　悲しい：sad

This is the song (that / who) makes me sad.

(2) 窓がたくさんあるその建物は病院です。　窓：window　建物：building

The building (who / that) has many windows is a hospital.

(3) 彼女はオーストラリアで有名な画家です。　オーストラリア：Australia　画家：painter

She is a painter (which / that) is famous in Australia.

② （　　）内の語（句）を並べかえて，正しい英文を完成させなさい。

(1) 茶色の鼻をしたネコはタマです。　茶色の：brown　鼻：nose

The cat (a brown nose / that / has) is Tama.

The cat ＿＿＿＿＿＿＿＿＿＿＿＿ is Tama.

(2) これはロンドン行きの飛行機です。　ロンドン：London　～へ飛ぶ：fly to ～

This is (that / the plane / flies) to London.

This is ＿＿＿＿＿＿＿＿＿＿＿ to London.

(3) 私はその大きな家に住んでいる人を見ました。　人：person

I saw (lives / that / the person) in the big house.

I saw ＿＿＿＿＿＿＿＿＿＿＿ in the big house.

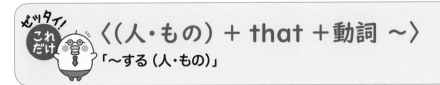

これだけ 〈（人・もの）＋ that ＋動詞 ～〉
「～する（人・もの）」

どうしても解けない場合は関係代名詞とはへ GO!　P.64

現在完了

不定詞を使った文

いろいろな文型

受け身

分詞

関係代名詞

仮定法

いろいろな表現

リスニング

3年生のおさらい

➡解答は別冊 P.11

おさらい問題 23〜26

❶ 日本文に合うように（　　）内から語を選んで〇で囲みなさい。

(1) メグ（Meg）は料理が好きな女の子です。　料理：cooking

　　Meg is the girl（who / which）likes cooking.

(2) 大きなポケットのついたカバンは私のものです。　ポケット：pocket

　　The bag（who / which）has a big pocket is mine.

(3) これは私を幸せな気持ちにした歌です。　歌：song

　　This is the song（who / that）made me happy.

(4) 彼は数学が得意な男の子です。　〜が得意である：be good at 〜

　　He is a boy（which / that）is good at math.

❷ （　　）内の語（句）を並べかえて，正しい英文を完成させなさい。ただし，文頭にくる語（句）も小文字にしてあります。

(1) ケンはサッカーに興味がある学生です。　〜に興味がある：be interested in 〜

　　Ken is（who / interested / a student / is）in soccer.

　　Ken is _____ in soccer.

(2) 白いドアのある家は彼女のものです。　ドア：door

　　（the house / has / which / a white door）is hers.

　　_____ is hers.

(3) あれは名古屋へ行く電車です。

　　That is（the train / goes / that / to）Nagoya.

　　That is _____ Nagoya.

現在完了

不定詞を使った文

いろいろな文型

受け身

分詞

関係代名詞

仮定法

いろいろな表現

リスニング

3年生のおさらい

❸ （　　）内の語を使って英文を完成させなさい。

(1) 昨日，公園でギターを弾いた男性は背が高かったです。（who）

The man ☐☐ ☐☐ the guitar in the park yesterday was tall.

(2) これは京都へ行くバスです。（which）

This is the bus ☐☐ ☐☐ ☐☐ Kyoto.

(3) 茶色い目をした犬はハチです。（that）茶色い：brown

The ☐☐ ☐☐ ☐☐ brown eyes is Hachi.

(4) 熱心に練習しているその野球選手は私の兄です。（that）

熱心に：hard　練習する：practice

The baseball player ☐☐ ☐☐ practicing hard is my brother.

❹ ＿＿の語を説明を受ける語，〜〜の語を関係代名詞にかえて，次の2つの文を1つの文にしなさい。

(1) She is a doctor.　She is kind to us.

be kind to ～：～に親切である

☐☐ .

(2) This is the dog.　It is always sleeping.

always：いつも

☐☐ .

(3) The man is my uncle.　He speaks Chinese.

uncle：おじ　Chinese：中国語

☐☐ .

27 関係代名詞の後ろに〈主語＋動詞 〜〉がくる文
目的格の関係代名詞とは

ここまで習った〈(名詞)＋関係代名詞＋動詞 〜〉の形で「京都へ行く電車」などの言いかたはわかったね。ここでは「私が乗った電車」「彼が見た電車」などと言えるようになるよ。

> **これが大事!** 「主語が〜する(名詞)」と後ろから名詞を説明するときは〈(名詞)＋関係代名詞＋主語＋動詞 〜〉で表す!

名詞 関係代名詞 主語 動詞
This is the picture [that] Harry took.
(これはハリーが撮った写真です。)

主格の文 名詞 関係代名詞 動詞
This is the boy (that) plays the guitar.
(こちらはギターを演奏する男の子です。)

目的格の文 名詞 関係代名詞 主語 動詞
This is the boy (that) I met yesterday.
(こちらは昨日私が会った男の子です。)

主格の関係代名詞の後には**動詞**が続いたが, この that は目的格の関係代名詞と呼ばれ, 後には**主語＋動詞**が続く。

> 説明されるのが「もの」の場合は which か that,「人」の場合は that を使うよ。

> **これが大事!** 〈(名詞)＋関係代名詞＋主語＋動詞 〜〉は動詞のあとにくるはずの「名詞」(＝目的語)を説明する!

説明されるもの　　ものを説明する部分
This is the book. ＋ My father wrote (it).
(これは本です。)　　　　(私の父が(それ)を書きました。)

This is the book (that) my father wrote.
(これは私の父が書いた本です。)
wrote の**目的語**の it が関係代名詞の that になって「もの」の後ろにきている。

練習問題 →解答は別冊 P.12

① 日本文に合うように（　　　）内から語を選んで〇で囲みなさい。

(1) あれは私が描いた絵です。　描く：paint

That is the picture（it / which / who）I painted.

(2) これは彼女が書いた本です。　書く：write

This is the book（it / that / who）she wrote.

(3) これは私が書いた手紙です。　手紙：letter

This is the letter（it / that / who）I wrote.

(4) 彼女が買ったカバンはすてきです。　買う：buy

The bag（it / that / who）she bought is nice.

(5) ケンが見た映画はとてもよかったです。　映画：movie

The movie（it / that / who）Ken saw was
very good.

(6) 彼らが見た車はホワイトさん（Ms. White）のものです。

The car（it / which / who）they saw is Ms. White's.

(7) 私たちが見つけた犬は白かったです。　見つける：find

The dog（it / which / who）we found was white.

(8) マナが会った男性は野球選手でした。　会う：meet

The man（it / which / that）Mana met was a
baseball player.

〈（名詞）＋関係代名詞＋主語＋動詞 ～〉
「主語が～する（名詞）」

どうしても解けない場合は関係代名詞とはへ GO! P.64

現在完了

不定詞を使った文

いろいろな文型

受け身

分詞

関係代名詞

仮定法

いろいろな表現

リスニング

3年生のおさらい

75

28 人やものを「〜が…するー」と後ろから説明する文

目的格の関係代名詞 (人・もの)

 なぜ学ぶの?

「〜が…する (人・もの)」という表現を使えば, もっと「人・もの」について色々なしかたで説明することができるよ。それは〈(人・もの) +関係代名詞+主語+動詞 〜〉の形で表すことができるんだ。

これが大事! 「主語が〜する (もの)」と後ろからものを説明するときは〈(もの) + that[which] +主語+動詞 〜〉で表す!

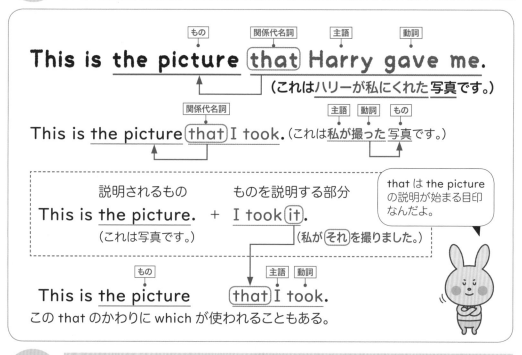

これが大事! 「主語が〜する (人)」と後ろから人を説明するときは〈(人) + that +主語+動詞 〜〉で表す!

76

練習問題 →解答は別冊 P.12

❶ 日本文に合うように，[   ]に適する語を1つずつ書きなさい。

(1) これはケンが私にくれたカバンです。

This is the bag which [   ] [   ] me.

(2) あなたが見た女の子は私の妹でした。

The girl that [   ] [   ] was my sister.

(3) 彼女が昨日作ったカレーはおいしかったです。　カレー：curry　おいしい：delicious

The curry that [   ] [   ] yesterday was delicious.

❷ （   ）内の語を並べかえて，正しい英文を完成させなさい。

(1) これは私が最も好きな写真です。

This is the picture （like / I / that） the best.
This is the picture [   ] the best.

(2) これは私が昨日買った本です。

This is the book （that / bought / I） yesterday.
This is the book [   ] yesterday.

(3) 彼らが訪ねた女性は病気で寝ていました。　訪ねる：visit　病気で寝ている：be sick in bed

The woman （visited / they / that） was sick in bed.
The woman [   ] was sick in bed.

ゼッタイ！これだけ
〈（もの）＋ that ［which］＋主語＋動詞 ～〉
「主語が～する（もの）」
〈（人）＋ that ＋主語＋動詞 ～〉
「主語が～する（人）」

どうしても解けない場合は目的格の関係代名詞とはへ GO!　P.74

29 「〜が…するー」と 後ろから説明する文

関係代名詞の省略〈（人・もの）＋主語＋動詞 〜〉

なぜ学ぶの？

関係代名詞の後に〈主語＋動詞〜〉がくるのが目的格の関係代名詞だけど，実は この時の関係代名詞は省略することもできるんだ。つまりもっと簡単に〈（人・もの） ＋主語＋動詞 〜〉だけで同じ意味が表せるよ。

これが大事！ 「主語が〜する（人・もの）」と説明するときは 〈（人・もの）＋主語＋動詞 〜〉で表す！

もの　　　主語　　動詞

The holiday we had in Kyoto was great.

（私たちが京都で過ごした休日はすばらしかったです。）

〈主語＋動詞 〜〉は前にある「もの」や「人」を説明している。〈主語＋動詞 〜〉 の前に関係代名詞の that や which を入れて考えてみるとわかりやすい。

もの　　　　　　主語　動詞　　　　　主語　　動詞　もの

This is **a song**〔　　〕**we love**. （これは私たちが大好きな歌です。）

＝This is **a song**〔that〕**we love**.

This is **a song**.　＋　We love〔it〕.

説明されるもの　　　　ものを説明する部分

（これは歌です。）　　　（私たちは〔それ〕が大好きです。）

関係代名詞がないほうが自然な 言い回しになることも多いよ。

練習問題 →解答は別冊 P.12

❶ （　　）内の語（句）を並べかえて，正しい英文を完成させなさい。ただし，文頭にくる語も小文字にしてあります。

(1) これは私が最も好きな映画です。

This is （the movie / like / I） the best.

This is ＿＿＿＿＿＿＿＿＿＿ the best.

(2) ポール（Paul）が話す言葉は英語です。　言葉：language

（speaks / Paul / the language） is English.

＿＿＿＿＿＿＿＿＿＿ is English.

(3) 彼は私たちが図書館で会った男の子です。　図書館：library

He is （met / we / the boy） in the library.

He is ＿＿＿＿＿＿＿＿＿＿ in the library.

❷ 日本文に合うように，＿＿＿に適する語を1つずつ書きなさい。

(1) これは彼が2年前に使ったカバンです。　2年前：two years ago

This is the bag ＿＿＿＿＿＿ ＿＿＿＿＿＿ two years ago.

(2) 彼女は私が昨日手伝いをした女の人です。

She is the woman ＿＿＿＿＿＿ ＿＿＿＿＿＿ yesterday.

(3) これは彼女が昨年買ったコンピュータです。　コンピュータ：computer

This is the computer ＿＿＿＿＿＿ ＿＿＿＿＿＿ last year.

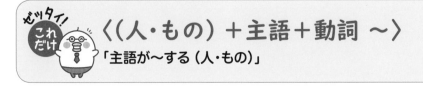

〈（人・もの）＋主語＋動詞 ～〉

「主語が～する（人・もの）」

どうしても解けない場合は目的格の関係代名詞（人・もの）へ GO!　P.76

おさらい問題 27〜29

① 日本文に合うように（　）内から語を選んで〇で囲みなさい。

(1) これは彼が作ったケーキです。　ケーキ：cake

This is the cake（that / who）he made.

(2) こちらは私がよく知っている生徒です。　〜をよく知っている：know 〜 well

This is the student（that / which）I know
well.

(3) 私が飼っているネコは大きいです。　飼う：have

The cat（which / who）I have is big.

(4) 私が大好きな歌手はシゲです。　歌手：singer

The singer（that / which）I like very much
is Shige.

② 日本文に合うように，　　　　に適する語を1つずつ書きなさい。

(1) これは私が書いた本です。

This is the book that 　　　　　　　　　　．

(2) 私たちが見た女の人は新しい先生です。

The woman that 　　　　　　　　　　is a new
teacher.

(3) 彼が買った自転車はかっこいいです。　かっこいい：cool

The bike 　　　　　　　　　　is cool.

❸ （　　）内の語（句）を並べかえて，正しい英文を完成させなさい。

(1) 彼が話す言葉はドイツ語です。　言葉：language　ドイツ語：German

The language（speaks / he / which）is German.

The language ＿＿＿＿＿＿＿＿＿＿ is German.

(2) 彼は私が昨日手伝った男の子です。　手伝う：help

He is（that / helped / I / the boy）yesterday.

He is ＿＿＿＿＿＿＿＿＿＿ yesterday.

(3) あなたが私にくれた本はとてもおもしろいです。　おもしろい：interesting

The book（you / me / that / gave）is very interesting.

The book ＿＿＿＿＿＿＿＿＿＿ is very interesting.

❹ 英文から省略できる語を1語選んで〇で囲みなさい。

(1) あれは私の父が建てた家です。　建てる：build（過去形は built）

That is the house which my father built.

(2) 彼が撮った写真はとても美しいです。　写真を撮る：take a picture

The picture that he took is very beautiful.

(3) これは私が買いたいと思っているコンピュータです。　〜したい：want to 〜

This is the computer that I want to buy.

30 〈I wish ＋主語＋(助)動詞の過去形 〜.〉で「〜ならいいのに」などを表す文

仮定法とは

「ぼくが有名な俳優ならいいのに」とか「私が人気のサッカー選手ならいいのに」などと思うことがあるよね。これは wish を使って表すことができるんだ。現実のことではなく, 仮定の話なので英語では仮定法という形で表すんだよ。

これが大事! 「〜ならいいのに」は
〈I wish ＋主語＋ be 動詞の過去形 〜.〉で表す!

am の過去形

I [wish] I [were] a bird.

（私が鳥[ならいいのに]。）

仮定法では主語が何であってもふつう be 動詞は were を使う。

これが大事! 「〜するならいいのに」は
〈I wish ＋主語＋動詞の過去形 〜 .〉で表す!

動詞の過去形

I [wish] I [had] a new computer.

（私が新しいコンピュータ[を持っていればいいのに]。）

これが大事! 「〜できたらいいのに」は
〈I wish ＋主語＋ could 〜 .〉で表す!

can の過去形

I [wish] my brother [could] help me.

（兄が私を手伝う[ことができればいいのに]。）

---

be 動詞は過去形 (were) で, 動詞や助動詞も過去形だが, 日本語に直すときは, 現在の文のように「〜 (である) なら」「〜すれば」「〜できれば」とする。

練習問題 ➡解答は別冊 P.13

 の位置（右上）

① 日本文に合うように（　）内から語を選んで○で囲みなさい。

(1) ケンが私の友だちならいいのに。

I wish Ken（is / were）my friend.

(2) あなたがこの近くに住んでいればいいのに。

I wish you（live / lived）near here.

(3) 新しい自転車が買えればいいのに。　自転車：bike

I wish I（can / could）buy a new bike.

② （　）内の語（句）を並べかえて，正しい英文を完成させなさい。

(1) 父がここにいればいいのに。

I（my father / were / wish）here.

I ＿＿＿＿＿＿＿＿＿＿＿＿＿＿ here.

(2) カナダに友だちがいればいいのに。　カナダ：Canada

I（I / wish / had）a friend in Canada.

I ＿＿＿＿＿＿＿＿＿＿ a friend in Canada.

(3) あなたがギターを弾ければいいのに。　ギター：guitar

I（could / wish / you）play the guitar.

I ＿＿＿＿＿＿＿＿＿＿ play the guitar.

> この英文法
> 初対面だよな…

ゼッタイ！これだけ 〈I wish ＋主語＋ were または（助）動詞の過去形 ～ .〉
「～ならいいのに」

31 「もし〜であるなら, …なのに」を表す文

〈If ＋主語＋ were 〜 ,〉を伴う仮定法

なぜ学ぶの?

「もし私がひまなら, この本が読めるのに」「もし私が彼なら, イギリスに行くのに」などと現実とは違う状況を空想することがあるよね。これは If を使った仮定法で表すことができるんだ。

これが大事! 「もし〜であるなら, …するのに」は
〈If ＋主語＋ were 〜 , 主語＋ would ＋動詞の原形 ....〉で表す!

be 動詞の過去形 　　　　　　 will の過去形

If I were you, I would study abroad.

（もし私があなたなら, 私は留学するのに。）

be 動詞は過去形 (were) で助動詞も過去形 (would) だが, 日本語に直すときは, 現在のこととして「〜である (なら)」「…する (のに)」とする。

これが大事! 「もし〜であるなら, …できるのに」は
〈If ＋主語＋ were 〜 , 主語＋ could ＋動詞の原形 ....〉で表す!

be 動詞の過去形 　　　　　　 can の過去形

If she were here, I could give her a present.

（もし彼女がここにいるなら, 私は彼女にプレゼントをあげることができるのに。）

could を使うと「〜できるのに」という意味になる。

仮定法では主語が I や she であってもふつう be 動詞は were を使うよ。

練習問題 →解答は別冊 P.13

❶ 英文に適する日本語訳を選び，記号を○で囲みなさい。

(1) If I were you, I would go to the museum by bus.

museum：博物館

　ア　もし私があなたなら，バスで博物館へ行くのに。

　イ　もし私があなたなら，バスで博物館へ行った。

(2) If the dog were mine, I could take care of it.

take care of ～：～の世話をする

　ア　もしそのイヌが私のものなら，私は世話をすることができた。

　イ　もしそのイヌが私のものなら，私は世話をすることができるのに。

(3) If I were you, I would go to the hospital.

hospital：病院

　ア　もし私があなたなら，病院へ行くのに。

　イ　もし私があなたなら，病院へ行った。

❷ 日本文に合うように（　　）内から語を選んで○で囲みなさい。

(1) もし彼が上手な歌手なら，私は彼の歌を聞くのに。　歌手：singer

If he (is / were) a good singer, I (will / would) listen to his songs.

(2) もし私の母が教師なら，私は彼女から学ぶことができるのに。　～から学ぶ：learn from ～

If my mother (is / were) a teacher, I (can / could) learn from her.

(3) もし私が医者なら，多くの人々を助けるのに。　医者：doctor

If I (am / were) a doctor, I (will / would) help many people.

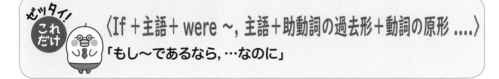

これだけ　〈If ＋主語＋ were ～，主語＋助動詞の過去形＋動詞の原形 ....〉

「もし～であるなら，…なのに」

どうしても解けない場合は仮定法とは へ GO! P.82

85

32 「もし〜するなら, …なのに」を表す文

〈If ＋主語＋（助）動詞の過去形 〜 ,〉を伴う仮定法

 なぜ学ぶの?

「もしお金をたくさん持っているなら, 大きな家を買うのに」「もし英語がうまく話せたら, アメリカに住むのに」などと空想することがあるよね。これも英語では If を使った仮定法で表すことができるんだ。

これが大事! 「もし〜するなら, …なのに」は〈If ＋主語＋動詞の過去形 〜, 主語＋助動詞の過去形＋動詞の原形 ….〉で表す!

have の過去形　　　　can の過去形

If I had a PC, I could send messages to him.

（もしパソコンを持っているなら, 私は彼にメッセージを送ることができるのに。）

動詞は過去形（had）で助動詞も過去形（could）だが, 日本語に直すときは, 現在のこととして「持っている」「できる（のに）」とする。

これが大事! 〈If ＋主語〉のあとに助動詞の過去形が続くこともある!

If I could speak English, I would talk with Jane.
　　　　助動詞の過去形　　　　　　　　　　助動詞の過去形

（もし英語が話せるなら, 私はジェーンと話すのに。）

こちらの形も助動詞の過去形（could, would）は「できる」「〜する（だろうに）」と現在のこととして訳す。

現在完了
不定詞を使った文
いろいろな文型
受け身
分詞
関係代名詞
仮定法
いろいろな表現
リスニング
3年生のおさらい

練習問題 ➡ 解答は別冊 P.14

① ____ に適する日本語を書き，英文の日本語訳を完成させなさい。

(1) **If my brother had a bike, I could ride it.**

had：have の過去形　ride：〜に乗る

もし私の兄が ____ ，私はそれに乗ることができるのに。

(2) **If I lived in Australia, I could use English.**

もし私が ____ ，私は英語を使うことができるのに。

(3) **If I could use this trumpet, I would play it for you.** trumpet：トランペット

もし私が ____ ，

私はあなたのためにそれを吹くのに。

② 日本文に合うように（　）内から語を選んで〇で囲みなさい。

(1) もし私がその話を知っているなら，それをあなたに話すことができるのに。 話：story

If I (know / knew) the story, I (can / could) tell you about it.

(2) もし私に時間があれば，母を手伝うことができるのに。 時間がある：have time

If I (have / had) time, I (can / could) help my mother.

(3) もし私たちがカナダを訪れることができるなら，トム (Tom) は私たちを案内してくれるのに。

〜を案内する：show 〜 around

If we (can / could) visit Canada, Tom (will / would) show us around.

 〈If ＋主語＋（助）動詞の過去形 〜，主語＋助動詞の過去形＋動詞の原形 ....〉
「もし〜するなら，…なのに」

どうしても解けない場合は 仮定法とは へ GO! P.82 87

おさらい問題 30〜32

1 英文に適する日本語訳を選び，記号を〇で囲みなさい。

(1) **I wish I could swim well.**

ア　私は願って，上手に泳ぐことができた。

イ　私が上手に泳ぐことができればいいのに。

(2) **If I were a writer, I would write many books.**
writer：作家

ア　もし私が作家だったなら，私はたくさん本を書いただろうに。

イ　もし私が作家なら，私はたくさん本を書くのに。

(3) **If I knew his phone number, I could call him.** phone number：電話番号

ア　もし彼の電話番号を知っているなら，彼に電話することができるのに。

イ　もし彼の電話番号を知ったら，彼に電話することができた。

2 日本文に合うように（　　）内から語を選んで〇で囲みなさい。

(1) 私の姉が私といっしょに行くことができるならいいのに。

I wish my sister（can / could）go with me.

(2) もしあなたがここにいたら，あなたとバスケットボールについて話すのに。

If you（are / were）here, I（will / would）talk with you about basketball.

(3) もし彼女が日本に住んでいるなら，私は毎日彼女に会うことができるのに。

If she（live / lived）in Japan, I（can / could）see her every day.

❸ （　　）内の語（句）を並べかえて，正しい英文を完成させなさい。ただし，文頭にくる語も小文字にしてあります。

(1) あなたがスマートフォンを持っていればいいのに。　スマートフォン：smartphone

I （had / you / wish） a smartphone.

I _____ a smartphone.

(2) もしメグが私の同級生なら，私たちはいっしょに宿題をすることができるのに。

宿題をする：do 〜's homework

（my classmate / Meg / if / were）, we could do our homework together.

_____, we could do our homework together.

(3) もしあなたが犬を飼っていたら，それを散歩させることができるのに。

飼う：have　散歩させる：walk

（a dog / if / had / you）, you could walk it.

_____, you could walk it.

❹ 日本文に合うように，_____ に適する語を1つずつ書きなさい。

(1) 私が人気のある歌手ならいいのに。　歌手：singer

I wish _____ _____ a popular singer.

(2) もし私がテニス選手なら，毎日一生懸命に練習するのに。

If I _____ a tennis player, I _____ practice hard every day.

(3) もし私が答えを知っているなら，それについてあなたに話すことができるのに。

答え：answer

If I _____ the answer, I _____ tell it to you.

33 would like を使った表現を整理しよう
Would you like 〜？など

なぜ学ぶの？ would は will の過去形だけど，丁寧に相手にものをすすめたり，相手の欲しいものや相手の希望をたずねたりするときに使うことができるよ。ここで全部まとめておぼえておこう。

これが大事！ 〈Would you like ＋名詞 ?〉は「〜はいかがですか」を表す！

Would you like **something to drink**?

名詞のかたまり （何か飲むものはいかがですか。）

答えるときは Yes ／ No を使う。 ［I would の短縮形は I'd だったね。］
- Yes, please. I'd［I would］like some tea.（はい，お願いします。紅茶をください。）
- No, thank you.（いいえ，けっこうです。）

これが大事！ 〈What would you like to ＋動詞の原形 〜 ?〉は「何を〜したいですか」を表す！

What would you like **to drink**?

不定詞 （何を飲みたいですか。）

答えるときは，〈I would like ＋名詞 .〉または〈I would like to ＋動詞の原形 〜 .〉を使う。
- I'd［I would］like a cup of coffee.（コーヒーを一杯ください。）

これが大事！ 〈Would you like me to ＋動詞の原形 〜 ?〉は「私が〜しましょうか」を表す！

Would you like **me** to **help you**?

人　　不定詞
（私があなたをお手伝いしましょうか。）

直訳は「あなたは私に〜してほしいですか」となり，「私が（あなたに）〜しましょうか」の意味で使われる。Do you want me to 〜？より丁寧な申し出の表現となる。

90

練習問題 ➡解答は別冊 P.14

現在完了

不定詞を使った文

いろいろな文型

受け身

分詞

関係代名詞

仮定法

いろいろな表現

リスニング

3年生のおさらい

❶ 日本文に合うように，　　　　　に適する語を1つずつ書きなさい。

(1) コーヒーを一杯いかがですか。　コーヒー一杯：a cup of coffee

　　　　　　　　you 　　　　　　　　a cup of coffee?

(2) ((1) に答えて) はい，いただきます。

　Yes, 　　　　　　　.

(3) 私は何か読むものがほしいです。　何か読むもの：something to read

　I'd 　　　　　　something to read.

❷ (　　) 内の語を並べかえて，正しい英文を完成させなさい。ただし，文頭にくる語も小文字にしてあります。

(1) 何か食べるものはいかがですか。　何か食べるもの：something to eat

　(would / like / you) something to eat?

　　　　　　　　　　　　　　　　　something to eat?

(2) 何を飲みたいですか。　飲む：drink

　What (you / would / like) to drink?

　What 　　　　　　　　　　　　　　　to drink?

(3) 私がカバンを運びましょうか。　運ぶ：carry

　(like / you / would / to / me) carry your bag?

　　　　　　　　　　　　　　　carry your bag?

 〈Would you like 〜 ?〉
「〜はいかがですか」

〈Would you like me to 〜 ?〉
「私が〜しましょうか」

34 目的地への行きかたの たずねかたと答えかた

Could you tell me ～？ など

なぜ学ぶの？ 知らない町へ行くと地図を見ながらでも道に迷ってしまうことがよくあるよね。そんなときに近くにいる人に道をたずねる言いかたを学習するよ。自分がたずねられるかもしれないから，答えかたも確認しておこうね。

これが大事！ 「～への行きかたを教えてくださいませんか」は Could you tell me how to get to ～？で表す！

Could you tell me how to get to Kinkaku-ji?

（金閣寺への行きかたを教えてくださいませんか。）

Where is ～？（～はどこですか。）とは違い，
目的地までの**道順**や**交通手段**をたずねる。
答えるときは命令文を使えばよい。

交通手段
― Take <u>this train</u> to Umeda.
（梅田までこの電車に乗ってください。）

乗り換え駅　　　電車の行き先
― Change trains <u>at</u> Umeda <u>for</u> Kawaramachi.
（梅田で河原町行きの電車に乗りかえてください。）

― Get off at Enmachi Station.
（円町駅で下車してください。）

> 「（乗り物に）乗る」というときは動詞 take を使うことが多いよ。

以下のような道案内で使える表現も覚えておくとよい。

・Could you tell me the way to ～？
　　　　　　　　　　　　　　　　「～への行きかたを教えてくださいませんか」

・How can I get to ～？　「どうすれば～へ行けますか」

・Take ～ for ....　「…（目的地）行きの～（乗り物）に乗ってください」

・Take the ～ Line.　「～線に乗ってください」

 練習問題 →解答は別冊 P.15

現在完了

不定詞を使った文

いろいろな文型

受け身

分詞

関係代名詞

仮定法

いろいろな表現

リスニング

3年生のおさらい

❶ 日本文に合うように，[　　]に適する語を1つずつ書きなさい。

(1) 大阪への行きかたを教えてくださいませんか。

[　　　　] you tell me [　　　　] to get to Osaka?

(2) ((1)に答えて) 京都で大阪行きの電車に乗りかえてください。

[　　　] [　　　] at Kyoto for Osaka.

(3) 大阪駅で下車してください。

[　　　] [　　　] at Osaka Station.

❷ (　　)内の語を並べかえて，正しい英文を完成させなさい。ただし，文頭にくる語も小文字にしてあります。

(1) 空港への行きかたを教えてくださいませんか。　空港：airport

Could you (me / tell / to / how) get to the airport?

Could you [　　　　　　　　] get to the airport?

(2) ((1)に答えて) 向こうの白いバスに乗ってください。　向こうの：over there

(bus / take / white / the) over there.

[　　　　　　　　　　　] over there.

(3) 終点で乗りかえてください。　終点：last stop

(trains / at / change) the last stop.

[　　　　　　　　　　] the last stop.

Could you tell me how to get to ～ ?
「～への行きかたを教えてくださいませんか」

93

P.28 10 「〜することは…だ」と不定詞を使って表す！

35 「あなたはどう思いますか」への答えかた

I agree with you. など

なぜ学ぶの？

会話の中でだれかの意見を聞いたあとで「（その意見について）あなたはどう思う？」と聞かれることはよくあるけど，そんなときにどう答えたらいいか知っておくと，話し合いのときに役に立つよね。自分の意見を伝える表現を学ぼう。

これが大事！ 意見を求められたら，まず自分の立場を答える！

What do you think about 〜 ?（〜についてあなたはどう思いますか。）と意見を求められたときには，まず**賛成／反対や自分の意見**を伝えるのがよい。

I agree with you. （私はあなたに賛成です。）

I don't agree with that opinion. （私はその意見に賛成ではありません。）

I think it's better to go by bike. （私は自転車で行くほうがよいと思います。）

意見を言った後は，その**理由**も続けて言う。

Because it's faster to go by bike. （自転車で行くほうが速いからです。）
I have three reasons. First 〜. （理由は3つあります。1つめは〜。）

このような表現も覚えておく。

・Please tell me more. （もっとくわしく教えてください。）
・According to 〜 , （〜によると）
・Let me give you an example. （1つ例をあげます。）

現在完了

不定詞を使った文

いろいろな文型

受け身

分詞

関係代名詞

仮定法

いろいろな表現

リスニング

3年生のおさらい

練習問題 ➡解答は別冊 P.15

① 日本文に合うように，□□□ に適する語を1つずつ書きなさい。

(1) 私は彼に賛成です。

I ☐ ☐ him.

(2) 私は彼女の意見に賛成ではありません。 意見：opinion

I ☐ ☐ ☐ her opinion.

(3) 私たちはすぐ行くべきだと私は思います。 〜すべき：should すぐに：right away

☐ ☐ we should go right away.

② （　）内の語を並べかえて，正しい英文を完成させなさい。ただし，文頭にくる語も小文字にしてあります。

(1) 今日は英語を勉強したほうがいいと思います。

(better / I / to / think / study / it's) English today.

☐ English today.

(2) あなたに賛成です。理由は2つあります。 理由：reason

(with / I / you / agree). I have two reasons.

☐ . I have two reasons.

(3) ごめんなさい，よくわかりません。もっとくわしく教えてください。

Sorry, I'm not sure. (more / tell / please / me).

Sorry, I'm not sure. ☐ .

ゼッタイ！ これだけ **I agree with 〜 .** 「私は〜に賛成です。」

ゴールはもうすぐだよ！ ▶

おさらい問題 33 ～ 35

① 日本文に合うように，   に適する語を１つずつ書きなさい。

(1) ケーキはいかがですか。　ケーキ：cake

      you   some cake?

(2) 私と一緒に昼食をいかがですか。　～と一緒に：with ～

      you   have lunch

with me?

(3) どうすれば博多へ行けますか。　～へ行く[に着く]：get to ～

            I get to Hakata?

(4) 渋谷行きの電車に乗ってください。　～行きの：for ～

      the   for Shibuya.

(5) もっとくわしく教えてください。

Please   me   .

(6) 理由は２つあります。　理由：reason

I   two   .

(7) 私は彼女の意見に賛成ではありません。　意見：opinion

I   her opinion.

(8) 私はこの帽子を買うほうがよいと思います。　帽子：hat

            it's better to buy this

hat.

② （　　）内の語を並べかえて，正しい英文を完成させなさい。ただし，文頭にくる語も小文字にしてあります。

(1) 何を読みたいですか。

（you / to / would / like / what）read?

_____ read?

(2) 横浜への行きかたを教えてくださいませんか。

Could you（me / tell / to / how / get）to Yokohama?

Could you _____

to Yokohama?

(3) 私が夕食をつくりましょうか。　夕食：dinner

（would / to / you / me / like）make dinner?

_____ make dinner?

(4) 名古屋で栄行きの電車に乗りかえてください。　乗りかえる：chage trains

（at / trains / change）Nagoya for Sakae.

_____ Nagoya for Sakae.

(5) 1つ例をあげます。　例：example

（me / you / let / give）an example.

_____ an example.

そろそろ終わりか？

現在完了

不定詞を使った文

いろいろな文型

受け身

分　詞

関係代名詞

仮定法

いろいろな表現

リスニング

3年生のおさらい

36 リスニングのコツ①
「だれが」に対する答えかた

なぜ学ぶの?

ここからはリスニング問題の解きかたを身につけるよ。リスニングの基本として, だれが話しているかを聞き取らないと, 会話の内容を正確につかめないよね。会話をしている**人物を特定する手がかりの見つけかた**を学ぼう。

問題文はこれ!

ポールとアンの会話文のあとに質問と選択肢が読まれます。その質問の答えとして適切なものを選び, 記号を書きなさい。会話文と質問, 選択肢はそれぞれ2回ずつ読まれます。

アンと呼んでいるので, 話している人はポール

Paul: <u>Hi, Ann.</u> Do you have any plans for tomorrow?

ポール　　<u>やあ, アン</u>。あなたは明日の予定は何かありますか。

　　　　If you're free, let's go to the library.

　　　　もしひまなら, 図書館に行きましょう。

Ann: Oh, sorry, Paul.

アン　　　あら, ごめんなさい, ポール。

はじめは英文を見ないで音だけを聞いて考えよう。

受け身

　　　　<u>I'm invited</u> to a party tomorrow.

　　　　<u>私は</u>明日, パーティーに<u>招待されている</u>んです。

Paul: Oh, well. Have fun!

　　　　ああ, そう。楽しんできてね。

Question:  Who is invited to the party?

質問　　　　　　　　だれがパーティーに招待されていますか。

ア. Paul is.

イ. Yes, she is.

ウ. Ann is.

エ. Ann does.

現在完了

不定詞を使った文

いろいろな文型

受け身

分詞

関係代名詞

仮定法

いろいろな表現

リスニング

3年生のおさらい

これが大事！ 疑問詞でたずねられている内容（人物）を聞き取ろう！

1回目 疑問詞に注意して質問と選択肢をきちんと聞き取る！

受け身

Question: (Who) (is invited) to the party?

質問　　　　　　だれがパーティーに招待されていますか。

ア. Paul is.

ポールです。

イ. Yes, she is. ●────

はい, 彼女です。

> 疑問詞の質問文への
> 答えになっていない

ウ. Ann is.

アンです。

エ. Ann does.

アンがします。

2回目 受け身を使ってたずねられた質問には be 動詞を使って答える！

Question: Who is invited to the party?

受け身

会話文 4行目 Ann: I'm invited to a party tomorrow.

アン　　　私は明日, パーティーに招待されているんです。

ウ. Ann is.

アンです。

> 受け身の文の答え方は
> **be** 動詞の文と同じ
> だったよね。

答え：　　ウ

やってみよう！ →解答は別冊 P.15

ボブとアキの会話文のあとに質問と選択肢が読まれます。その質問の答えとして適切なものを選び, 記号を書きなさい。会話文と質問, 選択肢はそれぞれ2回ずつ読まれます。

答え：

37 リスニングのコツ②
いつのことかを答える

なぜ学ぶの?

ここでは「いつのことか」について聞かれて, それに対しての正解を選ぶ練習をするよ。**リスニングでは時について聞かれることがとても多いんだ。**よく聞いて答えよう。

問題文はこれ!

ビルとメグの会話文のあとに質問が読まれます。その質問の答えとして適切なものを選び, 記号を〇で囲みなさい。会話文と質問はそれぞれ2回ずつ読まれます。

Bill: Oh, what a beautiful doll!
ビル　　　おや, なんてすてきな人形なんだろう。

it は doll のこと

Meg: Thanks. I like <u>it</u>, too.
メグ　　　ありがとう。私も気に入っているのです。

buy と by のように発音で区別できない単語は文全体から意味を考えよう。

Bill: Where did you <u>buy</u> it?
あなたはそれをどこで買ったのですか。

Meg: In Japan. I went there in May.
日本です。私はそこへ5月に行きました。

Bill: Oh, really? I went to Japan last year.
おや, 本当ですか。私は昨年日本へ行きましたよ。

Question: When did Meg go to Japan?
質問　　　　　　　　　メグはいつ日本へ行きましたか。

これらの選択肢は問題用紙に書かれています。
ア. She went there last year.
イ. She bought a doll.
ウ. She went there in May.
エ. She went to Japan.

これが大事！ 疑問詞でたずねられている内容（時）を聞き取ろう！

1回目 質問の中の**疑問詞**に注意！ 疑問詞に合う選択肢を選ぶ！

Question: When did Meg go to Japan?

質問　　　　　　　メグはいつ日本へ行きましたか。

ア. She went there <u>last year</u>.

彼女は昨年そこへ行きました。

イ. She bought a doll.

彼女は人形を買いました。

ウ. She went there <u>in May</u>.

彼女は5月にそこへ行きました。

エ. She went to Japan.

彼女は日本へ行きました。

> 「いつ」と聞かれているから時を表す言葉が入っているものを選ぶよ。

2回目 メグの**時についての**発言内容に合っている選択肢を選ぶ！

Question: When did Meg go to Japan?

| 会話文 4行目 | Meg: In Japan.　I went there in May .

日本です。私はそこへ5月に行きました。

ウ. She went there in May.

彼女は5月にそこへ行きました。

答え：　　ウ

やってみよう！ →解答は別冊 P.16

ナミとジャックの会話文のあとに質問が読まれます。その質問の答えとして適切なものを選び，記号を○で囲みなさい。会話文と質問はそれぞれ2回ずつ読まれます。

ア. She made it today.　　**イ.** She made it last night.

ウ. Nami made it.　　**エ.** She made a birthday cake.

38 リスニングのコツ③
「どこに」「どこで」に対する答えかた

なぜ学ぶの?

ここでは「場所」について聞かれるので, それに対しての正解を選ぶ練習をするよ。
場所についてたずねる問題も, 時間をたずねる問題と同じくらいリスニングによ
く出るんだ。よく聞いて答えよう。

問題文はこれ！

ジョンとケリーの会話文のあとに質問が読まれます。その質問の答えとし
て適切なイラストを選び, 記号を○で囲みなさい。会話文と質問はそれぞ
れ2回ずつ読まれます。

John: Hi, Kelly. What are you doing?
ジョン　　　やあ, ケリー。何をしているのですか。

Kelly: Oh, John. I'm looking for Mr. Green.
ケリー　　　あら, ジョン。私はグリーン先生を探しているのです。

he は Mr. Green のこと

Do you know where <u>he</u> is?
あなたは彼がどこにいるのか知っていますか。

John: No. But I saw him ten minutes ago in the library.
いいえ。でも私は彼を10分前に図書館で見かけました。

Oh, look! He's over there, in the schoolyard .
おや, 見てください！　あっちの校庭にいますよ。

問題文の始めは
集中して聞こう。

Question: Where is Mr. Green now?
質問　　　　　　　グリーン先生は今どこにいますか。

これらの選択肢は問題用紙に描かれています。

ア.

イ.

ウ.

エ.

現在完了

不定詞を使った文

いろいろな文型

受け身

分　詞

関係代名詞

仮定法

いろいろな表現

リスニング

3年生のおさらい

 これが大事! 疑問詞でたずねられている内容（場所）を聞き取ろう!

1回目 質問の中の**疑問詞**に注意!　内容に合ったイラストを選ぶ!

Question: Where is Mr. Green now?

質問　　　　　　　　　グリーン先生は今どこにいますか。

ア.

イ.

ウ.

エ.

2回目 グリーン先生が今いる場所に合っているイラストを選ぶ!

Question: Where is Mr. Green now?

会話文
4〜5行目　John: No. But I saw him ten minutes

いいえ。でも私は彼を10分前に図書館で見かけました。

ago in the library.

Oh, look! He's over there,

おや, 見てください!　あっちの校庭にいますよ。

in the schoolyard .

ア.

答え:

やってみよう! →解答は別冊 P.16

男性とユキの会話文のあとに質問が読まれます。その質問の答えとして適切なイラストを選び, 記号を○で囲みなさい。会話文と質問はそれぞれ2回ずつ読まれます。

ア.

イ.

ウ.

エ.

39 リスニングのコツ④
過去にしたことを答える

なぜ学ぶの?

ここでは「過去にしたこと」について聞かれるので、それに対しての正解を選ぶ練習をするよ。リスニングは音声だけで理解するから、急に過去形を聞くと、知らない単語だと思ってしまうこともあるよね。落ち着いてよく聞いて答えよう。

問題文はこれ！

アンとケンの会話文のあとに質問が読まれます。その質問の答えとして適切なものを選び、記号を〇で囲みなさい。会話文と質問はそれぞれ2回ずつ読まれます。

過去を表す言葉

Ann: What did you do <u>last Sunday</u>, Ken?

アン　あなたはこの前の日曜日、何をしましたか、ケン。

> Ken? とたずねているから、この人がアンだね。

Ken: I went to Minami Park.

ケン　私はミナミ公園に行きました。

Ann: So, it was you!

やっぱり、あなただったのですね。

You were playing soccer, weren't you?

あなたはサッカーをしていましたよね。

Ken: Yes.　But I didn't see you.

はい。でも私はあなたを見ませんでしたよ。

Question: Did Ken see Ann last Sunday?

質問　ケンはこの前の日曜日、アンを見ましたか。

これらの選択肢は問題用紙に書かれています。

ア. Yes, he did.
イ. Yes, he was.
ウ. No, he wasn't.
エ. No, he didn't.

現在完了

不定詞を使った文

いろいろな文型

受け身

分詞

関係代名詞

仮定法

いろいろな表現

リスニング

3年生のおさらい

 これが大事! だれが（主語）何をしたか（動詞）を聞き取ろう！

1回目 会話からだれが何をしたかを聞き取る！　質問を理解する。

Question: Did Ken see Ann last Sunday?

質問　　　　　　　　　　ケンはこの前の日曜日, アンを見ましたか。

ア. Yes, he <u>did</u>.•
はい, 彼は見ました。

イ. Yes, he <u>was</u>.•
はい, 彼はそうでした。

ウ. No, he <u>wasn't</u>.•
いいえ, 彼はそうではありませんでした。

エ. No, he <u>didn't</u>.•
いいえ, 彼は見ませんでした。

選択肢は動詞部分に注意する！

文法で違うと判断できる選択肢もあるね。

2回目 質問に合った答えを会話文で見つける。そして, 答えかたを選ぶ。

Question: Did Ken see Ann last Sunday?

会話文 5行目 Ken: Yes.　But I didn't see you.
はい。でも私はあなたを見ませんでしたよ。

エ. No, he didn't.　　　　　　　　　答え：　__エ__
いいえ, 彼は見ませんでした。

 やってみよう！ →解答は別冊 P.17

ジュディとヒデの会話文のあとに質問が読まれます。その質問の答えとして適切なものを選び, 記号を〇で囲みなさい。会話文と質問はそれぞれ2回ずつ読まれます。

ア. No, she isn't.　　**イ.** No, she didn't.
ウ. Yes, she did.　　**エ.** Yes, she is.

40 リスニングのコツ⑤
「～するつもりです」の表現を聞き取る

なぜ学ぶの?

「いつ」について聞かれるリスニング問題の練習はしたよね。でも, 過去だけでなく, 未来について聞かれることもあるんだ。ここでは「予定」についての質問に答える練習をするよ。

問題文はこれ！

英文のあとに質問と選択肢が読まれます。その質問の答えとして適切なものを選び, 記号を書きなさい。英文と質問, 選択肢はそれぞれ2回ずつ読まれます。

Sakura has two things to do today.
サクラは今日, すべきことが2つあります。

In the morning, she is going to help her mother.
午前中, 彼女はお母さんを手伝うつもりです。

After lunch, she is going to [play soccer] with her
昼食後, 彼女はお兄さんとサッカーをするつもりです。

brother.

Question: What [is] Sakura [going to do] after lunch?
質問　　　　　　　　　サクラは昼食後, 何をするつもりですか。

〈be going to ＋動詞の原形〉
はどんな意味だったかな。

ア. She will be busy.
イ. She is going to play soccer.
ウ. No, she isn't.
エ. She helped her mother.

どのように質問されたかがポイント！

1回目 質問されている**時**をきちんと聞く！ 選択肢の時にも注意！

Question: What (is) Sakura (going to do) after lunch?
質問 　　　　　　　　　サクラは昼食後，何をするつもりですか。

質問文が難しいときは，疑問詞，主語，動詞を集中して聞き取ろう。

ア. She will be busy.
　　彼女は忙しい。

イ. She is going to play soccer.
　　彼女はサッカーをするつもりです。

ウ. No, she isn't.
　　いいえ，そのつもりはありません。

エ. She helped her mother.
　　彼女はお母さんを手伝いました。

2回目 昼食後（＝午後）にする内容を聞き取る！

Question: What is Sakura going to do after lunch?

英文
3～4行目 After lunch, she is going to (play soccer)
　　昼食後，彼女はお兄さんとサッカーをするつもりです。
with her brother.

イ. She is going to play soccer.
　　彼女はサッカーをするつもりです。

答え：　　　イ

やってみよう！ →解答は別冊 P.17

英文のあとに質問と選択肢が読まれます。その質問の答えとして適切なものを選び，記号を書きなさい。英文と質問，選択肢はそれぞれ2回ずつ読まれます。

答え：

41 リスニングのコツ⑥
現在完了の答えかた

なぜ学ぶの？

読まれる英文の内容が過去から現在に続く内容のとき，**質問が現在完了の疑問文になっている場合があるよ。**正解の英文中も現在完了になっているはずだから，聞き取る練習をしよう。ここまでできればリスニングはこわくないよ。

問題文はこれ！

英文のあとに質問と選択肢が読まれます。その質問の答えとして適切なものを選び，記号を書きなさい。英文と質問，選択肢はそれぞれ2回ずつ読まれます。

Hello．I'm Minami Ken．I'm a member of the
こんにちは。　私はミナミ・ケンです。　　　　　　私はテニス部の一員です。

tennis team．I like tennis very much．And I also
　　　　　　　私はテニスがとても好きです。　　　　　　　そして私は英語も好きです。

like English．I have studied English for three
　　　　　　　私は3年間英語を勉強しています。

years．I want to visit America someday．
　　　　　　　私はいつかアメリカを訪れたいです。

Question: What has Ken studied for three years?
質問　　　　　　　　ケンは3年間何を勉強していますか。

ア．He studied English.
イ．Yes, he has.
ウ．He has studied English.
エ．He has played tennis.

どのように質問されたかを聞き取ろう！

1回目 質問の**時制や疑問詞**に注意！ 選択肢は内容を聞き取る！

what ＋現在完了の疑問文

Question: What has Ken studied for three years?

質問　　ケンは3年間何を勉強していますか。

過去形で答えている

ア．He studied English.

彼は英語を勉強しました。

what の文に Yes で答えている

イ．Yes, he has.

はい，ずっとしています。

have は「持っている」という意味だけじゃない。現在完了もあるんだ！

ウ．He has studied English.

彼は英語を勉強しています。

エ．He has played tennis.

彼はテニスをしています。

2回目 質問の内容に合った答えを選択肢から選ぶ！

Question: What has Ken studied for three years?

英文 3〜4行目　I have studied English for three years.

私は3年間英語を勉強しています。

ウ．He has studied English.

彼は英語を勉強しています。

答え：　ウ

やってみよう！ →解答は別冊 P.17

英文のあとに質問と選択肢が読まれます。その質問の答えとして適切なものを選び，記号を書きなさい。英文と質問，選択肢はそれぞれ2回ずつ読まれます。

答え：

3年生のおさらい①

※ここにあるのは，各単元の主な英文です。**1**，**2**，**3**，…は単元を表します。

1 〈have ＋過去分詞〉で「過去から現在まで」のつながりを表す！

➡ P.8〜P.9 現在完了とは

I have lived in Osaka for ten years.

（私は大阪に10年間（今まで）ずっと住んでいます。）

〈have [has] ＋過去分詞〉には3つの意味がある。

2 〈have ＋過去分詞〉で「ずっと〜している」を表す！ ➡ P.10〜P.11 「継続」を表す現在完了

He has lived in Osaka since last year.

（彼は大阪に昨年以来ずっと住んでいます。）

How long have you been in Japan?

（あなたはどのくらいの間日本にいるのですか。）

for「〜の間」や since「〜以来 [から]」が
よく使われるよ。

3 〈have been ＋〜 ing〉で「（動作を）ずっと〜している」を表す！

➡ P.12〜P.13 現在完了進行形の文

I have been waiting for him for one hour.

（私は1時間ずっと彼を待っています。）

have [has] のあとに〈been ＋〜 ing〉の形が続く。

4 〈have ＋過去分詞〉で「～したことがある」を表す！ ➡ P.14～P.15 「経験」を表す現在完了

5 「何回～したことがありますか」「～したことがありません」を表す文

➡ P.16～P.17 「経験」を表す現在完了の疑問文・否定文

I have seen that movie three times.

（私はあの映画を3回見たことがあります。）

Has he ever been to Kyoto?

（彼は今までに京都へ行ったことがありますか。）

— Yes, he has. / No, he has not [hasn't].

（―はい, あります。／いいえ, ありません。）

How many times has Harry visited Kyoto?

（ハリーは何回京都を訪れたことがありますか。）

He has never been to Arashiyama.

（彼は嵐山へ一度も行ったことがありません。）

疑問文で ever「今までに」, 否定文で never「一度も～ない」がよく使われる。

6 〈have ＋過去分詞〉で「～したところだ」を表す！ ➡ P.18～P.19 「完了」を表す現在完了

Ken has just finished his homework.

（ケンはちょうど宿題を終えたところです。）

You haven't cleaned your room yet.

（あなたはまだ部屋をそうじしていません。）

Have you cleaned your room yet?

（あなたはもう部屋をそうじしましたか。）

already「すでに」, just「ちょうど」, yet「(否定文で) まだ, (疑問文で) もう」などがよく使われるぞ。

現在完了

不定詞を使った文

いろいろな文型

受け身

分詞

関係代名詞

仮定法

いろいろな表現

リスニング

3年生のおさらい

7 〈to ＋動詞の原形〉で「〜すること」「〜するために」などを表す！

→ P.22〜P.23 不定詞のおさらい

I like to watch TV.

（私はテレビを見ることが好きです。）

We went to the library to study.

（私たちは勉強するために図書館へ行きました。）

I want some books to read.

（私は読むための本が何冊かほしいです。）

I am glad to see you.

（私はあなたに会えてうれしいです。）

〈to ＋動詞の原形〉には名詞用法，副詞用法，形容詞用法の３つの用法がある。

8 人に「〜してほしい」と頼むときなどは want, tell, ask を使う！

→ P.24〜P.25 〈want / tell / ask ＋（人）＋ to ＋動詞の原形〉の文

I want you to help me.

（私はあなたに手伝ってほしいです。）

My teacher told me to use English.

（私の先生は私に英語を使うように言いました。）

My father asked me to wash his car.

（私の父は私に車を洗うように頼みました。）

〈want / tell / ask ＋（人）＋ to ＋動詞の原形〉の
語順を覚えよう。

9 〈how to ＋動詞の原形〉で「〜のしかた」を表す！

→ P.26〜P.27 〈疑問詞＋ to ＋動詞の原形〉の使いかた

I know how to get to Kyoto Station.

（私は京都駅への**行きかた**を知っています。）

Tell me what to buy for Harry.

（ハリーに**何を買えばよいか**教えてください。）

how to 〜「どう〜すればよいか，〜のしかた」，what to 〜「何を〜すればよいか」
のように，〈疑問詞＋ to ＋動詞の原形〉は使う疑問詞によって意味がかわる。

10 「〜することは…だ」と不定詞を使って表す！

→ P.28〜P.29 〈It is ... to ＋動詞の原形 〜 .〉の文

It is interesting to learn English.

（英語を学ぶことはおもしろいです。）

It is easy for Yuki to make a cake.

（ユキにとってケーキを作ることは**簡単**です。）

Was it fun for you to sing a song?

（あなたにとって**歌を歌うことは楽しかった**ですか。）

It is not hard for Kenji to make lunch.

（ケンジにとって**昼食を作ることは大変ではありません**。）

It は〈(for 〜＋)to ＋動詞の原形…〉の内容を表す。It は「それは」と訳さない。

11 let, make を使って「(人) に〜させる」を表す！

→ P.30〜P.31 〈let / help / make ＋（人）＋動詞の原形〉の文

Please let me go with you.

（どうぞ私にあなたといっしょに**行かせてください**。）

I'll help you find your key.

（私はあなたが**カギを見つけるのを手伝います**。）

〈let / help / make ＋（人）＋動詞の原形〉の形を覚える。

3年生のおさらい問題①

❶ 日本文に合うように（　　）内から語（句）を選んで〇で囲みなさい。

(1) 私は大阪に2年間ずっと住んでいます。

I （lived / am lived / have lived） in Osaka for two years.

(2) 私にその自転車を使わせてください。　私に～させる : let me ～　自転車 : bike

Please let me （use / to use / using） the bike.

(3) ビル（Bill）は何をすればよいかわかりませんでした。

Bill didn't know （what to / when to / where to） do.

❷ 日本文に合うように，　　　　に適する語を1つずつ書きなさい。

(1) タケシは昨日からずっと忙しいです。　忙しい : busy

Takeshi has 　　　　　 busy 　　　　　 yesterday.

(2) 私はあなたに一緒に買い物に行ってほしいです。　買い物に行く : go shopping

I 　　　　　 　　　　　 　　　　　 go shopping with me.

(3) 私は泳ぎかたを知りません。　泳ぐ : swim

I don't know 　　　　　 　　　　　 　　　　　 .

❸ （　）内の語（句）を並べかえて，正しい英文を完成させなさい。

(1) 私は今までに一度もオーストラリアに行ったことがありません。

オーストラリア：Australia　〜に行ったことがある：have been to 〜

（never / I / been / have）to Australia.

_____ to Australia.

(2) ユカはまだ東京に到着していません。　〜に到着する：arrive in 〜

Yuka（Tokyo / not / arrived in / has）yet.

Yuka _____ yet.

(3) 私にとってギターを弾くことは簡単です。　ギター：guitar

It（me / to / for / easy / is）play the guitar.

It _____ play the guitar.

❹ （　）内の語（句）を使って，次の日本文を英語にしなさい。

(1) ケンはもう宿題を終えましたか。（Ken, his homework, yet）　宿題：homework

_____

(2) どこへ行けばよいか私に教えてください。（tell, where, go）

Please _____ .

(3) 私はあなたがその部屋をそうじするのを手伝います。　そうじする：clean

（will, clean, the room）

_____

そろそろ
勉強するか

3年生のおさらい②

※ここにあるのは，各単元の主な英文です。⓬，⓭，⓮，…は単元を表します。

⓬ いろいろな形の文　　　　　　→ P.34～P.35　〈look ＋形容詞〉〈give ＋（人）＋（もの）〉

> **You look tired.**　　　　（あなたはつかれているように見えます。）
>
> **He gave me a book.**　　　　　　（彼は私に本をくれました。）
>
> **She bought me a book.**　（彼女は私に本を買ってくれました。）
>
> look, give, buy などの動詞を見たら，
> 後にどんな語（句）が続くかに注意しよう。

⓭ 「（人）に…ということを示す」などを表す文

→ P.36～P.37　〈show / tell / teach ＋（人）＋ that …〉の文

> **The players show us that soccer is fun.**
> 　　　（その選手たちはサッカーが楽しいということを私たちに示しています。）
>
> **The book shows you that cooking is interesting.**
> 　　　（その本は料理がおもしろいということをあなたたちに示しています。）
>
> **Some students tell me that I play the guitar well.**
> 　　　（何人かの生徒は私は上手にギターを弾くと私に言います。）
>
> **My father teaches me that anything is possible.**
> 　　　（父はどんなことでも可能だということを私に教えてくれます。）
>
> 〈show / tell / teach ＋（人）＋ that …〉の形を覚える。

⒕ 文の中に「だれが〜か」「なぜ〜か」がある文 ➡ P.38〜P.39 〈疑問詞＋主語＋動詞〉の使いかた

I don't know who this girl is.

（私はこの女の子がだれなのか知りません。）

Harry asked me why she came here.

（ハリーはなぜ彼女がここに来たのか私にたずねました。）

文の中にある who や why などのあとは〈主語＋動詞〉の語順になる。

⒖ 「AをBと呼ぶ」「AをBにする」を表す文

➡ P.40〜P.41 〈call / make / name ＋ A ＋ B〉の文

Taku calls his sister Meg.

（タクは彼の妹をメグと呼びます。）

Meg's smile made me happy.

（メグの笑顔は私を幸せにしました。）

She named this dog Pochi.

（彼女はこの犬をポチと名づけました。）

「AをBと呼ぶ／名づける」は〈call / name ＋ A（人・もの）＋ B（呼び名・名前）〉,
「AをBにする」は〈make ＋ A（人・もの）＋ B（状態）〉。
いずれも「A ＝ B」の関係になる。

⒗ I'm 〜 that ... で「きっと…だ」などを表す！

➡ P.42〜P.43 〈I'm sure / afraid that ...〉の文

I'm sure (that) you can win the game.

（きっとあなたはその試合に勝つことができるでしょう。）

I'm afraid (that) I can't go with you.

（私はあなたたちといっしょに行けないことを残念に思います。）

〈be 動詞＋ sure / afraid〉のあとには
〈that ＋主語＋動詞〉が続くことがある。

17 〈be 動詞＋過去分詞〉で「～される」を表す！　　　　　　→ P.46～P.47 受け身の文とは
18 〈was, were ＋過去分詞〉で「～された」を表す！
　　　　　　　　　　　→ P.48～P.49 過去の受け身の文／ by 以外の前置詞を使う受け身表現

Sushi is eaten in Japan.

（すしは日本で食べられています。）

This ball is used by the soccer players.

（このボールはサッカー選手たちに（よって）使われます。）

This temple was built 200 years ago.

（このお寺は200年前に建てられました。）

They were known to everyone.

（彼らはみんなに知られていました。）

「～される」「～された」の文では, be 動詞の現在形（am / is / are）と
be 動詞の過去形（was / were）の使い分けで, 現在と過去を区別するよ。

19 「～されますか」「～されましたか」とたずねる文　　　　　→ P.52～P.53 受け身の疑問文

Is this room cleaned every day?

（この部屋は毎日そうじされていますか。）

− Yes, it is.

（はい, されています。）

− No, it isn't.

（いいえ, されていません。）

When was this temple built?

（このお寺はいつ建てられましたか。）

「～されますか」「～されましたか」とたずねる文は,
is や was などの be 動詞を主語の前に置いて, 〈be 動詞＋主語＋過去分詞 ～ ?〉の形にする。

20 「〜されない」「〜されなかった」を表す文　➡ P.54〜P.55 受け身の否定文

The menu is not written in English.

（そのメニューは英語で書かれていません。）

「〜されない」「〜されなかった」という文は，
is や was などの be 動詞の後ろに not を置くよ。

21 ing 形を使って「〜している…」と名詞を修飾するには

➡ P.58〜P.59 現在分詞の後置修飾

I know that girl speaking English.

（私は英語を話しているあの女の子を知っています。）

「〜している〔人・もの〕」と人やものを説明するには，
〈動詞の ing 形＋語句〉を説明したい人やものの後ろに置く。

22 過去分詞を使って「〜された…」と名詞を修飾するには

➡ P.60〜P.61 過去分詞の後置修飾

This is a picture painted by Mr. Green.

（これはグリーンさんによって描かれた絵です。）

「〜された〔人・もの〕」と人やものを説明するには，
〈過去分詞＋語句〉を説明したい人やものの後ろに置く。

3年生のおさらい問題②

❶ 日本文に合うように（　　）内から語を選んで〇で囲みなさい。

(1) 私はなぜ彼が怒っているのかわかりません。　怒っている：angry

I don't know (how / what / why) he is angry.

(2) あなたはそのパーティーに招待されましたか。　（人）を〜へ招待する：invite（人）to 〜

Were you (invite / invited / inviting) to the party?

(3) テニスをしているあの男の子は私の友だちです。

That boy (play / plays / playing) tennis is my friend.

❷ 日本文に合うように，　　　　に適する語を1つずつ書きなさい。

(1) 彼女の歌は私たちを幸せにしました。

Her song made 　　　　　　　　　　　　.

(2) 私はフランスで作られたカバンを持っています。　フランス：France

I have a bag 　　　　　　　　　　　 France.

(3) この本は英語で書かれていません。　英語で：in English

This book 　　　　　　　　　 written in English.

❸ （　）内の語（句）を並べかえて，正しい英文を完成させなさい。ただし，文頭にくる語（句）も小文字にしてあります。

(1) 私をケンと呼んでください。

Please （Ken / me / call）.

Please _____.

(2) このいすは昨日使われましたか。　　いす：chair

（was / used / this / chair） yesterday?

_____ yesterday?

(3) 私は祖父によって送られた手紙を読みました。　　祖父：grandfather　送る：send

I read （sent / my grandfather / a letter / by）.

I read _____.

❹ 次の英文を（　）内の指示にしたがって書きかえなさい。

(1) Aya was at home. He told me that.

（ほぼ同じ意味の1文に）
be at home：家にいる

_____

(2) They didn't watch this movie. （this movie を主語にして）

movie：映画

_____

(3) We will win the game. I'm sure. （ほぼ同じ意味の1文に）

win：勝つ

_____

文末の記号も
忘れずに書こうね。

3年生のおさらい③

※ここにあるのは，各単元の主な英文です。23, 24, 25, …は単元を表します。

23 人やものを後ろから説明する〈名詞＋ who / which / that ＋動詞 〜〉

→ P.64〜P.65 関係代名詞とは

24 〈(人)＋ who ＋動詞 〜〉で人を後ろから説明する文 → P.66〜P.67 主格の関係代名詞 who

25 〈(もの)＋ which ＋動詞 〜〉でものを後ろから説明する文

→ P.68〜P.69 主格の関係代名詞 which

26 〈(人・もの)＋ that ＋動詞 〜〉で人やものを後ろから説明する文

→ P.70〜P.71 主格の関係代名詞 that

I have a friend who lives in Kyoto.

（私には京都に住んでいる友だちがいます。）

This is the train which goes to Arashiyama.

（これは嵐山へ行く電車です。）

This is the movie that makes me happy.

（これは私を幸せにする映画です。）

> 関係代名詞は直前の語句を説明する。who は「人」に使い，which は「もの」に使う。
> that は「人」にも「もの」にも使うことができる。

27 関係代名詞の後ろに〈主語＋動詞 〜〉がくる文 → P.74〜P.75 目的格の関係代名詞とは

28 人やものを「〜が…するー」と後ろから説明する文

→ P.76〜P.77 目的格の関係代名詞（人・もの）

This is the picture that Harry gave me.

（これはハリーが私にくれた写真です。）

> 〈that ＋主語＋動詞〉で人やものを後ろから詳しく説明することができる。
> 説明したい「人・もの」の後ろに〈that ＋主語＋動詞 〜〉の形が続く。

29 「〜が…するー」と後ろから説明する文 → P.78〜P.79 関係代名詞の省略〈(人・もの)＋主語＋動詞〜〉

The holiday we had in Kyoto was great.

（私たちが京都で過ごした休日はすばらしかったです。）

> 「人」や「もの」を表す語句のすぐ後ろに〈主語＋動詞 〜〉の形が続くときは，
> that や which を省略できる。

30 〈I wish ＋主語＋（助）動詞の過去形 〜.〉で「〜ならいいのに」などを表す文

→ P.82〜P.83 仮定法とは

I wish I were a bird.　　　　　　　　（私が鳥ならいいのに。）

I wish I had a new computer.

（私が新しいコンピュータを持っていればいいのに。）

現実とは違うことを望む表現だよ。

31「もし〜であるなら，…なのに」を表す文　→ P.84〜P.85 〈If ＋主語＋ were 〜 ,〉を伴う仮定法
32「もし〜するなら，…なのに」を表す文

→ P.86〜P.87 〈If ＋主語＋（助）動詞の過去形 〜 ,〉を伴う仮定法

If she were here, I could give her a present.

（もし彼女がここにいるなら，私は彼女にプレゼントをあげることができるのに。）

If I had a PC, I could send messages to him.

（もしパソコンを持っているなら，私は彼にメッセージを送ることができるのに。）

〈If ＋主語＋ be 動詞／一般動詞／助動詞の過去形 〜，主語＋助動詞の過去形＋動詞の原形 ....〉
で現実とは違う場合の仮定を表す。

33 〜 **35** いろいろな表現

What would you like to drink?（何を飲みたいですか。）

Would you like me to help you?

（私があなたをお手伝いしましょうか。）

Could you tell me how to get to Kinkaku-ji?

（金閣寺への行きかたを教えてくださいませんか。）

I agree with you.　　　　　　　　（私はあなたに賛成です。）

I don't agree with that opinion.

（私はその意見に賛成ではありません。）

日常生活のいろいろな場面で使える重要な表現を覚える。

➡解答は別冊 P.19

3年生のおさらい問題③

❶ 日本文に合うように（　　）内から語を選んで〇で囲みなさい。

(1) 私にはアメリカに住んでいる友だちがいます。　アメリカ：America

I have a friend (who / which) lives in America.

(2) 神戸への行きかたを教えてくださいませんか。　～へ行く（着く）：get to ～

Could you tell me (how / where) to get to Kobe?

(3) これは私が買ったコンピュータです。　コンピュータ：computer

This is the computer (who / that) I bought.

(4) 私がお金持ちならいいのに。　お金持ちの：rich

I wish I (am / were) rich.

❷ （　　）内の語（句）を並べかえて，正しい英文を完成させなさい。

(1) あれは東京行きの電車ではありません。

That isn't the train (goes to / Tokyo / which).
That isn't the train ＿＿＿＿＿＿＿＿＿＿.

(2) これは私を幸せにする音楽です。

This is the music (that / me / happy / makes).
This is the music ＿＿＿＿＿＿＿＿＿＿.

(3) 彼は私の意見に賛成ではありません。　意見：opinion

He (agree / with / doesn't) my opinion.
He ＿＿＿＿＿＿＿＿＿＿ my opinion.

3 日本文に合うように，　　　　に適する語を1つずつ書きなさい。

(1) 彼は私が昨日見た男の子ではありません。　見る：see

He is not the boy that 　　　　　　　　　yesterday.

(2) これはあなたが作った人形ですか。　人形：doll

Is this the doll 　　　　　　　　　？

(3) もし1,000円持っているなら，その本を買うことができるのに。　円：yen

If I 　　　　1,000 yen, I 　　　　buy the book.

(4) 郵便局への行きかたを教えてくださいませんか。　郵便局：the post office

Could you tell me 　　　　　　　　get to the post office?

4 （　　）内の語を使って，次の日本文を英語にしなさい。

(1) 紅茶を一杯いかがですか。（would, like, cup）　紅茶：tea　一杯の：a cup of ～

(2) 私が新しいかばんを持っていればいいのに。（wish, had, bag）

(3) もし私があなたなら，彼女を訪ねるのに。（if, were, would）　訪ねる：visit

よくがんばったね

▶不規則動詞の変化表

不規則に変化する動詞の形を
確認しよう！

原形（もとの形）	現在形	過去形	過去分詞	ing 形
be（〜である, 〜にいる）	am, is / are	was / were	been	being
become（〜になる）	become(s)	became	become	becoming
begin（始める）	begin(s)	began	begun	beginning
break（折る, こわす）	break(s)	broke	broken	breaking
bring（持ってくる）	bring(s)	brought	brought	bringing
build（建てる）	build(s)	built	built	building
buy（買う）	buy(s)	bought	bought	buying
catch（つかまえる）	catch(es)	caught	caught	catching
come（来る）	come(s)	came	come	coming
do（する）	do, does	did	done	doing
draw（描く）	draw(s)	drew	drawn	drawing
drink（飲む）	drink(s)	drank	drunk	drinking
eat（食べる）	eat(s)	ate	eaten	eating
feel（感じる）	feel(s)	felt	felt	feeling
find（見つける）	find(s)	found	found	finding
fly（飛ぶ）	fly, flies	flew	flown	flying
get（得る）	get(s)	got	got, gotten	getting
give（与える）	give(s)	gave	given	giving
go（行く）	go(es)	went	gone	going
have（持つ, 食べる）	have, has	had	had	having
hear（聞く）	hear(s)	heard	heard	hearing

原形（もとの形）	現在形	過去形	過去分詞	ing 形
keep（保つ）	**keep(s)**	kept	kept	keeping
know（知っている）	**know(s)**	knew	known	knowing
leave（出発する）	**leave(s)**	left	left	leaving
make（作る）	**make(s)**	made	made	making
mean（意味する）	**mean(s)**	meant	meant	meaning
meet（会う）	**meet(s)**	met	met	meeting
put（置く）	**put(s)**	put	put	putting
read（読む）	**read(s)**	read[réd]	read[réd]	reading
run（走る）	**run(s)**	ran	run	running
say（言う）	**say(s)**	said	said	saying
see（会う，見る）	**see(s)**	saw	seen	seeing
sell（売る）	**sell(s)**	sold	sold	selling
send（送る）	**send(s)**	sent	sent	sending
show（見せる）	**show(s)**	showed	shown, showed	showing
sing（歌う）	**sing(s)**	sang	sung	singing
sit（座る）	**sit(s)**	sat	sat	sitting
sleep（眠る）	**sleep(s)**	slept	slept	sleeping
speak（話す）	**speak(s)**	spoke	spoken	speaking
swim（泳ぐ）	**swim(s)**	swam	swum	swimming
take（持っていく, 取る）	**take(s)**	took	taken	taking
teach（教える）	**teach(es)**	taught	taught	teaching
tell（話す, 教える）	**tell(s)**	told	told	telling
think（思う, 考える）	**think(s)**	thought	thought	thinking
understand（理解する）	**understand(s)**	understood	understood	understanding
write（書く）	**write(s)**	wrote	written	writing

スタッフ

編集協力	合同会社ア・プリオリ
校正・校閲	秋山安弘　石川道子　敦賀亜希子　山本知子 大河恭子　株式会社東京出版サービスセンター
英文校閲	Jason Andrew Chau
本文デザイン	TwoThree
カバーデザイン	及川真咲デザイン事務所（内津剛）
組版	株式会社ユニックス
イラスト	小林由枝（熊アート）　福田真知子（熊アート） 角愼作
録音	ユニバ合同会社
ナレーション	Jenny Skidmore　Ryan Drees　小谷直子

とってもやさしい
中3英語
これさえあれば
授業が
わかる

改訂版

解答と
解説

旺文社

現在完了

1 〈have ＋過去分詞〉で「過去から現在まで」のつながりを表す！
→ 本冊 9ページ

❶ (1) 過去形　(2) 現在形　(3) 現在完了

解説 (1) lived は live「住んでいる」の過去形・過去分詞で前に have や has がないので過去形です。

(2) live は動詞の現在形。文末に now「今」があることからも現在のことだとわかります。

(3) lived の前に have があることから〈have ＋過去分詞〉の現在完了だとわかります。

❷ (1) visited　(2) has lived
　(3) have stayed

解説 (1) last year「昨年」は過去の時を表しているので，過去形の visited を選びます。

(2) ここでの for three years「3年間」は「（過去から現在までの）3年間ずっと」の意味なので現在完了を選びます。

(3) since yesterday「昨日から」は始まった時を表すので，現在完了を選びます。

2 〈have ＋過去分詞〉で「ずっと〜している」を表す！ → 本冊 11ページ

❶ (1) for　(2) since　(3) long

解説 (1) two years「2年間」は期間なので，for を選びます。

(2) last week「先週」は始まった時なので，since を選びます。

(3)「どのくらい（の間）」と時間の長さをたずねているので，How long 〜？の文になります。

❷ (1) has, been, since
　(2) has, lived, for　(3) How, long

解説 (1)「ずっと〜です」の文なので，〈have [has] ＋過去分詞〉の形にします。「6月以来ずっと〜」と始まった時を表すので，since を使います。

(2)「ずっと〜です」の文なので，〈have [has] ＋過去分詞〉の形にします。「10年間ずっと〜」と期間を表すので，for を使います。

(3) for three months は「3か月間」です。時間の長さをたずねる文なので，How long 〜？とします。

3 〈have been ＋〜 ing〉で「（動作を）ずっと〜している」を表す！
→ 本冊 13ページ

❶ (1) have been busy
　(2) has been running
　(3) has been sleeping

解説 (1)「ずっと忙しいです」は過去に始まった「忙しい」という状態が続いているので現在完了の継続用法の文になります。

(2)「ずっと走っています」は過去に始まった「走る」という動作が続いているので現在完了進行形の文になります。

(3)「ずっと眠っています」は過去に始まった「眠る」という動作が続いているので現在完了進行形の文になります。

❷ (1) been, reading, for
　(2) been, dancing, since
　(3) been, playing

解説 (1)「1週間ずっと〜」は過去に始まった「読む」という動作が続いているので現在完了進行形の文になります。期間は for で表します。

(2)「今朝からずっと〜」は過去に始まった「踊る」という動作が続いているので現在完了進行形の文になり，始まった時は since で表します。

(3) もとの文は「私たちは10時にサッカーをし始め，まだそれをしています」という意味なので，「私たちは10時からずっとサッカーをしています」という現在完了進行形の文になります。

4 〈have＋過去分詞〉で「〜したことがある」を表す！ → 本冊 15ページ

❶ (1) has, used　(2) has, been, to
　(3) Has, ever, talked / he, hasn't

解説 (1)「トムは〜を使ったことがある」なので，〈has ＋過去分詞〉にします。

(2)「〜へ行ったことがある」は have [has] been to 〜で表します。主語が My mother なので has にすることを忘れないようにします。

(3)「〜したことがありますか」という経験をたずねる文なので，〈Have [Has] ＋主語＋ ever ＋過去分詞 〜 ?〉の形になります。主語が he なので Has にすることを忘れないようにします。「いいえ」で答える時は，has not を使いますが，ここでは短縮

形の hasn't になります。

❷ (1)**have seen this**
(2)**you ever eaten**

解説 (1)「～したことがある」と経験を伝える文で，〈have ＋過去分詞〉のあとに this (movie) を続けます。
(2)「～したことがありますか」という経験をたずねる文なので，〈Have [Has] ＋主語＋ ever ＋過去分詞 ～ ?〉の形になります。

5 「何回～したことがありますか」「～したことがありません」を表す文
→ 本冊 17ページ

❶ (1)**How, many, times / Once**
(2)**have, never**

解説 (1)「何回～したことがありますか」は How many times ～ ? でたずねます。「1回」は once で表します。
(2)「一度も～したことがない」は have [has] のあとに never を置きます。

❷ (1)**How, many, times**
(2)**have, never, talked**
(3)**has, never, been**

解説 (1)twice「2回」に下線があるので，「何回～」とたずねる文に書きかえます。
(2)never を過去分詞の前に置いて「一度も～したことがない」を表します。
(3)never を過去分詞の前に置いて「一度も～したことがない」を表します。have been to ～で「～へ行ったことがある」という意味です。

6 〈have ＋過去分詞〉で「～したところだ」を表す！
→ 本冊 19ページ

❶ (1)**just** (2)**yet** (3)**yet**

解説 (1)「ちょうど～したところだ」は just を使って表します。just の位置は過去分詞の前ということも確認しておきます。
(2)「もう～しましたか」は yet で表します。yet の位置は文の最後ということも確認しておきます。
(3)「まだ（～ない）」は yet で表します。否定文では yet は「まだ」という意味になります。

❷ (1)**has just come**
(2)**have already eaten**
(3)**hasn't finished her homework**

解説 (1)「ちょうど～したところだ」は〈have [has] ＋ just ＋過去分詞 ～〉で表します。
(2)「すでに～した」は〈have [has] ＋ already ＋過去分詞 ～〉で表します。
(3)「まだ～していない」は〈haven't [hasn't] ＋過去分詞 ～ yet〉で表します。

おさらい問題 **2** ～ **6**

→ 本冊 20～21ページ

❶ (1)**since** (2)**seen** (3)**sleeping**
(4)**already**

解説 (1)始まった時を表すには since, 続いている期間を表すには for を使います。
(2)「～したことがある」は経験を表します。「会う」see の過去分詞は seen です。
(3)「ずっと～している」は現在完了進行形です。been のあとに～ ing 形を続けます。
(4)「もう～した」は完了を表します。already と just は完了を表す時によく使われます。

❷ (1)**Have you ever been**
(2)**have never played tennis**
(3)**she left her house yet**

解説 (1)「～へ行ったことがある」は have been to ～で表します。ここではその疑問文です。
(2)「一度も～ない」は経験したことがないということです。never を使います。
(3)「もう～しましたか」は完了を表す疑問文です。「もう」の意味の yet は文の最後に置きます。

❸ (1)**How, long**
(2)**have, visited, twice**
(3)**has, not, finished, yet**
(4)**have, been, watching**

解説 (1)下線部は「2年間」なので，「どのくらいの間～」とたずねる文にします。期間をたずねるときは How long ～ ? の形です。
(2)「私は2回アメリカを訪れたことがあります」という文にします。「2回」は twice で表し，文の最後に置きます。

(3)「まだ〜していない」は完了の否定文です。〈have [has] not +過去分詞 〜 yet〉の形になります。

(4)「長い時間ずっと〜している」という現在完了進行形〈have [has] been 〜 ing〉の文にします。

④ (1)have, just, written
(2)Have, ever, climbed
(3)How, many, times

解説 (1)「ちょうど〜したところです」は just を使って表します。

(2)「今までに〜したことがありますか」は経験をたずねる文で, ever を使います。

(3)「何回〜」と回数をたずねるときは How many times 〜 ? で表します。

不定詞を使った文

7 〈to +動詞の原形〉で「〜すること」「〜するために」などを表す！
→ 本冊 23ページ

❶ (1)to play (2)to read
(3)to read (4)to hear

解説 (1)「〜したい」→〈want to +動詞の原形〉

(2)「本を読むために」は〈to +動詞の原形〉で表します。

(3)「読むべき本」は〈to +動詞の原形〉で表します。

(4)「〜を聞いて」は「うれしかった」原因を表すので〈to +動詞の原形〉です。

❷ (1)to, visit (2)to, watch
(3)to, do (4)to, read

解説 (1)「〜するのが好き」は〈like to +動詞の原形〉で表すことができます。

(2)「〜するために」は〈to +動詞の原形〉で表します。

(3)「〜するべき…」は〈to +動詞の原形〉で表します。

(4)「〜を読んで」は「おどろいた」原因を表すので〈to +動詞の原形〉です。

8 人に「〜してほしい」と頼むときなどは want, tell, ask を使う！
→ 本冊 25ページ

❶ (1)want, you, to (2)told, me, to
(3)asked, me, to

解説 (1)「(人)に〜してほしい」→〈want +(人)+ to +動詞の原形〉

(2)「(人)に〜するように言う」→〈tell +(人)+ to +動詞の原形〉

(3)「(人)に〜するように頼む」→〈ask +(人)+ to +動詞の原形〉

❷ (1)want you to come
(2)told Nancy to stay
(3)asked Tom to play

解説 (1)「あなたに〜してほしい」は〈want you to +動詞の原形〉の形。

(2)「ナンシーに〜するように言う」は〈tell Nancy to +動詞の原形〉の形。told は tell の過去形

(3)「トムに〜するように頼む」は〈ask Tom to +動詞の原形〉の形。

9 〈how to +動詞の原形〉で「〜のしかた」を表す！
→ 本冊 27ページ

❶ (1)how (2)what (3)where

解説 (1)「〜のしかた」→〈how to +動詞の原形〉

(2)「何を〜すればよいか」→〈what to +動詞の原形〉

(3)「どこへ[で]〜すればよいか」→〈where to +動詞の原形〉

❷ (1)know how to make
(2)me what to buy (3)when to go

解説 (1)「〜のしかた」→〈how to +動詞の原形〉

(2)「私に何を買えばよいか教える」は tell me what to buy で表します。

(3)「いつ〜に行けばよいか」は when to go to 〜 で表します。

10 「〜することは…だ」と不定詞を使って表す！
→ 本冊 29ページ

❶ (1)It, is, to (2)Was, it, to
(3)It, for, to

解説 (1)「〜することは…だ」→〈It is … to +動詞の原形〜 .〉

(2)「〜することは…ですか」という疑問文は be 動詞を主語 it の前に出します。

(3)「(人)が〜することは…だ」→〈It is … for +(人)+ to +動詞の原形〜 .〉

❷ (1)**It is difficult for**
　(2)**was not hard to**　(3)**Is it fun to**

解説　(1)It を主語にして文を始めます。「私にとって」
は〈for +（人）〉で表します。
(2)「～することは…ではありませんでした」の文では,
was の後ろに not を置いて否定を表します。
(3)「～することは…ですか」の文では be 動詞を主語
it の前に出します。

11　**let, make を使って「（人）に～
させる」を表す！**　→本冊 31ページ

❶ (1)**lets me read**
　(2)**helps me clean**

解説　(1)「（人）に～させる」→〈let +（人）+ 動詞
の原形〉　主語が he なので lets と 3 人称単数の
形になっています。
(2)「（人）が～するのを手伝う」→〈help +（人）+ 動
詞の原形〉

❷ (1)**let, her, use**　(2)**help, you, do**
　(3)**makes, me, wash [do]**

解説　(1)「彼女に～させる」なので〈let her + 動詞
の原形〉の形になります。
(2)「あなたが～するのを手伝う」なので〈help you +
動詞の原形〉の形になります。「宿題をする」→ do
one's homework
(3)「私に～させる」→〈make me + 動詞の原形〉
主語が my mother なので makes と 3 人称単数
の形にします。

おさらい問題 8～11
→本冊 32～33ページ

❶ (1)**want you to study**
　(2)**me how to use**
　(3)**Please let me know**

解説　(1)「あなたに～してほしい」→〈want you
to + 動詞の原形〉
(2)「～のしかた」→〈how to + 動詞の原形〉
(3)「（人）に～させる」→〈let +（人）+ 動詞の原形〉

❷ (1)**asked**　(2)**what**　(3)**to**

解説　(1)「（人）に～するように頼む」→〈ask +（人）
+ to + 動詞の原形〉

---

(2)「何を～すればよいか」→〈what to + 動詞の原形〉
(3)「～することは…だ」と言うときは,〈It is ... to +
動詞の原形～ .〉

❸ (1)**told, me, to**　(2)**Is, it, to**
　(3)**help, you, carry**

解説　(1)「（人）に～するように言う」→〈tell +（人）
+ to + 動詞の原形〉　過去の文なので, tell を
told にします。
(2)「～することは…だ」と言うときは,〈It is ... to +
動詞の原形～ .〉なので, is を主語 it の前に出し
て疑問文にします。
(3)「（人）が～するのを手伝う」→〈help +（人）+
動詞の原形〉

❹ (1)**where, to, go**　(2)**is, for, to**
　(3)**makes, me, run**

解説　(1)「ボブはどこへ行くべきですか。彼はそれ
を知っています」→「ボブはどこへ行くべきか知っ
ています」「どこへ行くべきか（行ったらよいか）」
→〈where to + 動詞の原形〉
(2)「オリンピックのメダルを勝ち取ることは彼女にと
って難しいです」「～することは―にとって…だ」
→〈It is ... for +（人）+ to + 動詞の原形～〉
(3)「コーチが私にそうするように言うので, 私は公園
を走らなければなりません」→「コーチは私に公
園を走らせます」「（人）に～させる」→〈make
+（人）+ 動詞の原形〉

いろいろな文型

12　**いろいろな形の文**　→本冊 35ページ

❶ (1)**looks, happy**
　(2)**me, a, present**　(3)**made, him**

解説　(1)「～に見える」→ look ～　主語が 3 人称
単数なので, looks にします。
(2)「（人）に（もの）をあげる」→〈give +（人）+（も
の）〉「くれました」なので過去形 gave となって
います。
(3)「（人）に（もの）を作ってあげる」→〈make +（人）
+（もの）〉「作ってあげました」なので過去形
made にします。

5

❷ (1) She looked sad
(2) show me the picture
(3) a CD for Ann

解説 (1)「～に見える」→ look ～ look の過去形 looked のあとに形容詞 sad がつづきます。
(2)「(人) に (もの) を見せる」→〈show +(人)+(もの)〉
(3) 並べかえの語句に for があることから,「(人) に (もの) を買ってあげる」を〈buy +(もの)+ for +(人)〉の形にします。bought は buy「～を買う」の過去形です。

13 「(人) に…ということを示す」などを表す文　→ 本冊 37ページ

❶ (1) shows us that　(2) tells me that
(3) taught us that

解説 (1)「(人) に…ということを示す」→〈show +(人)+ that …〉
(2)「(人) に…ということを言う」→〈tell +(人)+ that …〉
(3)「(人) に…ということを教える」→〈teach +(人)+ that …〉 taught は teach「教える」の過去形です。

❷ (1) shows, us, that
(2) tells, me, that
(3) teaches, you, that

解説 (1)「(人) に…ということを示す」→〈show +(人)+ that …〉 主語が3人称単数なので, shows になります。
(2)「(人) に…ということを言う」→〈tell +(人)+ that …〉 主語が3人称単数なので, tells になります。
(3)「(人) に…ということを教える」→〈teach +(人)+ that …〉 主語が3人称単数なので, teaches になります。

14 文の中に「だれが～か」「なぜ～か」がある文　→ 本冊 39ページ

❶ (1) what, this, is
(2) why, Ken, is [stays]
(3) who, she, is

解説 (1)「これが何か」→ what this is

(2)「なぜケンがここにいるのか」→ why Ken is [stays] here
(3)「彼女がだれか」→ who she is

❷ (1) what that is
(2) where Ken went
(3) me when Meg comes

解説 (1)「何か」→〈what +ふつうの文の語順〉
(2)「どこに」→〈where +ふつうの文の語順〉
(3)「いつ」→〈when +ふつうの文の語順〉

15 「A を B と呼ぶ」「A を B にする」を表す文　→ 本冊 41ページ

❶ (1) call　(2) makes　(3) named

解説 (1)「A (人) を B (呼び名) と呼ぶ」→〈call + A + B〉
(2) This song が主語なので, 動詞には3人称単数の s をつけます。
(3)「名づけた」だから, 動詞は過去形の named にします。

❷ (1) call me Nancy
(2) made Ken tired
(3) named the baby Mana

解説 (1)「A (人) を B (呼び名) と呼ぶ」→〈call + A + B〉
(2)「A (人) を B (状態) にする」→〈make + A + B〉
(3)「A (人) を B (名前) と名づける」→〈name + A + B〉

16 I'm ～ that … で「きっと…だ」などを表す!　→ 本冊 43ページ

❶ (1) I'm sure that
(2) I'm afraid that
(3) I'm glad that

解説 (1)「きっと…だ」→〈I'm sure that …〉
(2)「…を残念に思う」→〈I'm afraid that …〉
(3)「…がうれしい」→〈I'm glad that …〉

❷ (1) I'm, sure　(2) afraid, that
(3) I, am, surprised

解説 (1)「きっと…だ」→〈I'm sure that …〉
(2)「…を残念に思う」→〈I'm afraid that …〉

(3)「…におどろく」→〈I'm surprised that ...〉
I'm は I am で表します。

おさらい問題 **12**～**16**

➡本冊 44～45ページ

❶ (1)what (2)who (3)call (4)shows

解説 (1)「何か」なので what を使います。

(2)「だれか」なので who を使います。

(3)「A（人）を B（呼び名）と呼ぶ」なので call を使います。

(4)「～ということを示す」なので show を使います。主語が3人称単数なので shows になっています。

❷ (1)how he got to
　(2)when my brother came home
　(3)make me happy

解説 (1)「～がどうやって…したか」→〈how +ふつうの文の語順〉

(2)「～がいつ…したのか」→〈when +ふつうの文の語順〉

(3)「A（人）を B（状態）にする」→〈make + A + B〉

❸ (1)why, he, was [stayed]
　(2)I'm, afraid, that [I am afraid]
　(3)made, me, sad
　(4)named, the, dog, Kuro

解説 (1)Do you know のあとを〈why +ふつうの文の語順〉にします。

(2)「…を残念に思う」と言うときは,〈I'm afraid that ...〉で始めます。

(3)「A（人）を B（状態）にする」→〈make + A + B〉

(4)「A（もの）を B（名前）と名づける」→〈name + A + B〉

❹ (1)where, Ken, went
　(2)told, me, that
　(3)I'm, sure, that [I am sure]

解説 (1)「ケンはどこへ行きましたか。私はそれを知りません」→「私はケンがどこに行ったのか知りません」「～がどこに…したのか」→〈where +ふつうの文の語順〉

(2)「私の父は新しい車を買いました。彼はそれを私に言いました」→「私の父は新しい車を買ったと私

に言いました」「（人）に…ということを言う」→〈tell +（人）+ that ...〉　過去の文なので tell の過去形 told を使います。

(3)「ミカは速く泳ぐことができます。私はそれを確信しています」→「きっとミカは速く泳ぐことができます」「きっと…です」→〈I'm sure that ...〉

受け身

17 〈be 動詞＋過去分詞〉で「～される」を表す！
➡本冊 47ページ

❶ (1)is (2)is (3)are

解説 (1)「愛されています」→ is loved　主語は3人称単数なので is を使います。

(2)「訪れられます」→ is visited　主語は3人称単数なので is を使います。

(3)「使われています」→ are used　主語は複数なので are を使います。

❷ (1)is, spoken, in
　(2)is, visited, by (3)are, used, by

解説 (1)「～ で 話 さ れ て い ま す」なので, is spoken のあとに場所を表す in を続けます。

(2)「～に（よって）訪れられます」なので, is visited のあとに by を続けます。

(3)「～に（よって）使われています」なので, are used のあとに by を続けます。

18 〈was, were ＋過去分詞〉で「～された」を表す！ ➡本冊 49ページ

❶ (1)was (2)were (3)with

解説 (1)「建てられた」は過去形→ was built　主語は you 以外の単数だから was built にします。

(2)「撮られた」は過去形→ were taken　主語 These pictures は複数だから were taken にします。

(3)「～でおおわれていた」→ was covered with ～

❷ (1)was, made (2)was, broken
　(3)were, in

解説 (1)「作られた」は過去形で主語は you 以外の単数なので was made にします。

(2)「こわされた」は過去形で主語は you 以外の単数

なので was broken にします。

(3)「〜に興味がありました」→〈be 動詞の過去形＋interested in 〜〉 主語は複数なので、be 動詞は were を使います。

おさらい問題 17 〜 18

→ 本冊 50〜51ページ

❶ (1)is loved　(2)were　(3)by

解説 (1)「愛されています」→ is loved　主語は3人称単数なので is を使います。

(2)「撮られた」は過去形→ were taken　主語は複数なので、be 動詞は were を使います。

(3)「たくさんの人々に（よって）」なので、by 〜の形になります。

❷ (1)is closed at
　(2)was learned by
　(3)was surprised at

解説 (1)「閉められます」→ is closed　時を表す前置詞 at を続けます。

(2)「学ばれた」は過去形→ was learned　「（人）に（よって）」を表す前置詞 by を続けます。

(3)「〜におどろいた」→ was surprised at 〜

❸ (1)is, spoken　(2)was, used
　(3)is, covered, with
　(4)am, interested, in

解説 (1)「話されています」→ is spoken　主語は3人称単数なので is を使います。

(2)「使われた」は過去形→ was used　主語は you 以外の単数なので、be 動詞は was を使います。

(3)「〜でおおわれている」→ is covered with 〜

(4)「〜に興味がある」→ am interested in 〜　主語は I なので am を使います。

❹ (1)is, visited, by　(2)was, broken
　(3)is, known, to

解説 (1)「たくさんの人々が東京を訪れる」→「東京はたくさんの人々に訪れられる」

(2)「トムはそのおもちゃをこわした」→「そのおもちゃはトムにこわされた」

(3)「多くの人々が彼を知っている」→「彼は多くの人々に知られている」は、be known to で表します。

動詞は現在形の know なので、be 動詞は主語 He に合わせて is にします。

19 「〜されますか」「〜されましたか」とたずねる文

→ 本冊 53ページ

❶ (1)Is, taught　(2)Were, invited
　(3)When, was, built

解説 (1)「〜されますか」→〈be 動詞＋主語＋過去分詞 〜?〉

(2)「〜されましたか」→〈be 動詞の過去形＋主語＋過去分詞 〜?〉 主語が you なので、be 動詞の過去形は were を使います。

(3)「いつ〜されましたか」→〈When ＋ be 動詞の過去形＋主語＋過去分詞 〜?〉

❷ (1)Is this computer used
　(2)Was this room cleaned
　(3)Where was the bag made

解説 (1)「〜されますか」→〈be 動詞＋主語＋過去分詞 〜?〉

(2)「〜されましたか」→〈be 動詞の過去形＋主語＋過去分詞 〜?〉

(3)「どこで〜されましたか」→〈Where ＋ be 動詞の過去形＋主語＋過去分詞 〜?〉

20 「〜されない」「〜されなかった」を表す文

→ 本冊 55ページ

❶ (1)is, not　(2)was, not
　(3)weren't, taken

解説 (1)「〜されません」→〈be 動詞＋ not ＋過去分詞〉 主語が you 以外の単数なので、be 動詞は is を使います。

(2)「〜されなかった」→〈be 動詞の過去形＋ not ＋過去分詞〉 主語が you 以外の単数なので、be 動詞の過去形は was を使います。

(3)「〜されなかった」→〈be 動詞の過去形＋ not ＋過去分詞〉 主語が複数なので、be 動詞の過去形は were を使いますが、解答欄の数より were not は短縮形の weren't にします。

❷ (1)was not cleaned
　(2)are not made
　(3)computer wasn't used

解説 (1)「〜されなかった」→〈be 動詞の過去形＋not ＋過去分詞〉

(2)「〜されません」→〈be 動詞＋not ＋過去分詞〉　主語が複数なので，be 動詞は are を使います。

(3)「〜されなかった」→〈be 動詞の過去形＋not ＋過去分詞〉　wasn't は was not の短縮形です。

おさらい問題 19〜20

⇒ 本冊 56〜57ページ

❶ (1) ア　(2) ア　(3) イ

解説 (1)「〜されますか」→ be 動詞は is なので，この疑問文は〈Is ＋主語＋過去分詞 〜?〉の形になります。

(2)「〜されなかった」→〈be 動詞の過去形＋not ＋過去分詞〉　主語が you 以外の単数なので，be 動詞の過去形は was を使います。wasn't は was not の短縮形です。

(3)「いつ〜されましたか」の文は，When を使って〈When ＋be 動詞の過去形＋主語＋過去分詞 〜?〉となります。

❷ (1) Is, taught
(2) When, were, written
(3) is, not, spoken

解説 (1)「〜されますか」→ be 動詞は is なので，この疑問文は〈Is ＋主語＋過去分詞 〜?〉の形にします。

(2)下線部は「10年前」という意味なので，「いつ〜されましたか」の文にします。「いつ」とたずねるには，When を使って〈When ＋be 動詞の過去形＋主語＋過去分詞 〜?〉とします。

(3)「〜されない」→ be 動詞は is なので，この否定文は〈is not ＋過去分詞〉の形にします。

❸ (1) Is this singer loved by
(2) When was your house built
(3) machine was not used

解説 (1)「〜に…され（てい）ますか」→〈be 動詞＋主語＋過去分詞＋by 〜?〉

(2)「いつ〜されましたか」の文は，When を使って〈When ＋be 動詞の過去形＋主語＋過去分詞 〜?〉とします。

(3)「〜されなかった」→〈be 動詞の過去形＋not ＋過去分詞〉　主語が you 以外の単数なので，be

動詞の過去形は was を使います。

❹ (1) Where, was, made
(2) How, were, carried
(3) was, not, invited

解説 (1)「どこで〜されましたか」の文は，Where を使って〈Where ＋be 動詞の過去形＋主語＋過去分詞 〜?〉とします。

(2)「どのようにして〜されましたか」の文は，How を使って〈How ＋be 動詞の過去形＋主語＋過去分詞 〜?〉とします。

(3)「〜されなかった」→〈be 動詞の過去形＋not ＋過去分詞〉　主語が you 以外の単数なので，be 動詞の過去形は was を使います。

分詞

21 ing 形を使って「〜している…」と名詞を修飾するには

⇒ 本冊 59ページ

❶ (1) playing, tennis
(2) speaking, English
(3) looking, at

解説 (1)「テニスをしているあの男の子」なので，playing tennis が後ろから that boy を説明する形にします。

(2)「英語を話している男の人」なので，speaking English が後ろから The man を説明する形にします。

(3)「海を見ているその女の子」なので，looking at the sea が後ろから The girl を説明する形にします。

❷ (1) the dog sitting by
(2) watching TV in
(3) the cat eating fish

解説 (1) sitting by the tree がひとまとまりで the dog を説明しています。

(2) watching TV in the room がひとまとまりで The boy を説明しています。

(3) eating fish over there がひとまとまりで the cat を説明しています。

22 過去分詞を使って「～された…」と名詞を修飾するには

→ 本冊 61ページ

❶ (1) sold　(2) house, built
　(3) made, by

解説 (1)「この店で売られている本」なので, sold in this shop が後ろから The books を説明する形にします。
(2)「50年前に建てられた家」なので, built fifty years ago が後ろから a house を説明する形にします。
(3)「母が作ったケーキ」→「母によって作られたケーキ」なので, made by my mother が後ろから The cake を説明する形にします。

❷ (1) taken by Tom
　(2) spoken in this country
　(3) the books written by

解説 (1) taken by Tom がひとまとまりで the pictures を説明しています。
(2) spoken in this country がひとまとまりで The language を説明しています。
(3) written by Murakami Haruki がひとまとまりで the books を説明しています。

おさらい問題 21 ～ 22

→ 本冊 62～63ページ

❶ (1) running　(2) walking
　(3) spoken　(4) built

解説 (1)「走っている」なので, 動詞の ing 形です。
(2)「歩いている」なので, 動詞の ing 形です。
(3)「話されている」なので, 過去分詞です。
(4)「建てられた」なので, 過去分詞です。

❷ (1) moving　(2) drinking
　(3) read　(4) found

解説 (1)「動いている」なので, 動詞の ing 形にします。move は最後の e をとって ing をつけます。
(2)「飲んでいる」なので, 動詞の ing 形にします。
(3)「読まれている」なので, 過去分詞にします。read の過去分詞は read [red] です。
(4)「見つけられた」なので, 過去分詞にします。find の過去分詞は found です。

❸ (1) eating　(2) playing
　(3) sold　(4) made

解説 (1)「食べている」なので, 動詞の ing 形で表します。
(2)「弾いている」なので, 動詞の ing 形で表します。
(3)「売られている」なので, 過去分詞で表します。
(4)「作られた」なので, 過去分詞で表します。

❹ (1) running over there is John
　(2) is a letter written by
　(3) the ball used by the girls

解説 (1)「向こうで走っている男の子」なので, running over there が後ろから The boy を説明する形にします。その後に be 動詞 is と John を続けます。
(2)「これは～です」の文なので, This is で始め,「トムによって書かれた手紙」が続くので, written by Tom が後ろから a letter を説明する形にします。
(3)「その女の子たちによって使われているボール」なので, used by the girls が後ろから the ball を説明する形にします。

関係代名詞

---

23 人やものを後ろから説明する〈名詞＋ who / which / that ＋動詞 ～〉

→ 本冊 65ページ

❶ (1) who　(2) which　(3) who
　(4) who　(5) that　(6) that
　(7) that　(8) that

解説 (1) the girl は「人」なので, who を選びます。
(2) the letter は「もの」なので, which を選びます。
(3) the man は「人」なので, who を選びます。
(4) The boy は「人」なので, who を選びます。
(5) the train は「もの」なので, that を選びます。
(6) The soccer player は「人」なので, that を選びます。that は「人」「もの」のどちらの場合でも使うことができます。
(7) a jacket は「もの」なので, that を選びます。
(8) The robots は「もの」なので, that を選びます。

24 〈(人)＋ who ＋動詞 〜〉で人を後ろから説明する文

➡ 本冊 67ページ

❶ (1)who　(2)who　(3)who

解説 (1) 名古屋に住んでいるが「人を説明する部分」で男の子が「説明される人」になっています。
(2) この絵を描いたが「人を説明する部分」で女の子が「説明される人」になっています。
(3) 体育館でおどっているが「人を説明する部分」で生徒たちが「説明される人」になっています。

❷ (1)who is a teacher
　　(2)who comes from
　　(3)who built that house

解説 (1)「先生をしている➡おじさん」と考えてみます。
(2)「アメリカ出身の➡学生」と考えてみます。
(3)「あの家を建てた➡男の人」と考えてみます。

25 〈(もの)＋ which ＋動詞 〜〉でものを後ろから説明する文

➡ 本冊 69ページ

❶ (1)which　(2)which　(3)which

解説 (1) 京都へ行くが「ものを説明する部分」でバスが「説明されるもの」になっています。
(2) 大きな窓があるが「ものを説明する部分」で家が「説明されるもの」になっています。
(3) 私のベッドの上で眠っているが「もの（動物）を説明する部分」でネコが「説明されるもの」になっています。動物も人以外なので which を使います。

❷ (1)the train which goes
　　(2)which leaves at ten
　　(3)the animal which is swimming

解説 (1)「横浜へ行く➡電車」と考えてみます。
(2)「10時に出発する➡バス」と考えてみます。
(3)「向こうで泳いでいる➡動物」と考えてみます。動物も人以外なので which を使います。

26 〈(人・もの)＋ that ＋動詞 〜〉で人やものを後ろから説明する文

➡ 本冊 71ページ

❶ (1)that　(2)that　(3)that

解説 (1)「私を悲しくさせる➡歌」と、説明を受け

るのは「もの」なので，who は使えません。
(2)「窓がたくさんある➡その建物」と、説明を受けるのは「もの」なので，who は使えません。
(3)「オーストラリアで有名な➡画家」と、説明を受けるのは「人」なので，which は使えません。

❷ (1)that has a brown nose
　　(2)the plane that flies
　　(3)the person that lives

解説 (1)「茶色の鼻をした➡ネコ」と考えてみます。
(2)「ロンドンへ飛ぶ➡飛行機」と考えてみます。
(3)「その大きな家に住んでいる➡人」と考えてみます。

おさらい問題 23〜26

➡ 本冊 72〜73ページ

❶ (1)who　(2)which　(3)that　(4)that

解説 (1)「料理が好きな➡女の子」と、説明を受けるのは「人」なので，which は使えません。
(2)「大きなポケットのついた➡カバン」と、説明を受けるのは「もの」なので，who は使えません。
(3)「私を幸せな気持ちにした➡歌」と、説明を受けるのは「もの」なので，who は使えません。
(4)「数学が得意な➡男の子」と、説明を受けるのは「人」なので，which は使えません。

❷ (1)a student who is interested
　　(2)The house which has a white door
　　(3)the train that goes to

解説 (1)「サッカーに興味がある➡学生」→ a student ← who is interested in soccer
(2)「白いドアのある➡家」→ the house ← which has a white door
(3)「名古屋へ行く➡電車」→ the train ← that goes to Nagoya

❸ (1)who, played
　　(2)which, goes, to
　　(3)dog, that, has
　　(4)that, is

解説 (1)「ギターを弾いた➡男性」→ The man ← who played the guitar
(2)「京都へ行く➡バス」→ the bus ← which goes

to Kyoto

(3)「茶色い目をした➡犬」→ The dog ← that has brown eyes

(4)「熱心に練習している➡その野球選手」→ The baseball player ← that is practicing hard

❹ (1)She is a doctor who[that] is kind to us.

(2)This is the dog which[that] is always sleeping.

(3)The man who[that] speaks Chinese is my uncle.

解説 (1)「彼女は医者です」と「彼女は私たちに親切です」を「彼女は私たちに親切な医者です」の1文にします。説明を受けるのは「人」なので who または that を使います。

(2)「これは犬です」と「それはいつも眠っています」を「これはいつも眠っている犬です」の1文にします。説明を受けるのは「動物」なので which または that を使います。

(3)「その男の人は私のおじです」と「彼は中国語を話します」を「中国語を話すその男の人は私のおじです」の1文にします。説明を受けるのは「人」なので who または that を使います。

27 関係代名詞の後ろに〈主語＋動詞 ～〉がくる文
→ 本冊 75ページ

❶ (1)which　(2)that　(3)that
(4)that　(5)that　(6)which
(7)which　(8)that

解説 (1) 私が描いたのは「絵＝もの」だから, which を選びます。

(2) 彼女が書いたのは「本＝もの」だから, that を選びます。

(3) 私が書いたのは「手紙＝もの」だから, that を選びます。

(4) 彼女が買ったのは「カバン＝もの」だから, that を選びます。

(5) ケンが見たのは「映画＝もの」だから, that を選びます。

(6) 彼らが見たのは「車＝もの」だから, which を選びます。

(7) 私たちが見つけたのは「犬＝もの (動物)」だから,

which を選びます。

(8) マナが会ったのは「男性＝人」だから, that を選びます。

28 人やものを「～が…するー」と後ろから説明する文
→ 本冊 77ページ

❶ (1)Ken, gave　(2)you, saw
(3)she, made [cooked]

解説 (1)「ケンが私にくれた➡カバン」→ the bag ← which Ken gave me

(2)「あなたが見た➡女の子」→ The girl ← that you saw

(3)「彼女が昨日作った➡カレー」→ The curry ← that she made[cooked] yesterday

❷ (1)that I like　(2)that I bought
(3)that they visited

解説 (1)「私が最も好きな➡写真」→ the picture ← that I like the best

(2)「私が昨日買った➡本」→ the book ← that I bought yesterday

(3)「彼らが訪ねた➡女性」→ The woman ← that they visited

29 「～が…するー」と後ろから説明する文
→ 本冊 79ページ

❶ (1)the movie I like
(2)The language Paul speaks
(3)the boy we met

解説 (1)「私が最も好きな➡映画」→ the movie ← I like the best

(2)「ポールが話す➡言葉」→ The language ← Paul speaks

(3)「私たちが図書館で会った➡男の子」→ the boy ← we met in the library

❷ (1)he, used　(2)I, helped
(3)she, bought

解説 (1)「彼が2年前に使った➡カバン」→ the bag ← he used two years ago

(2)「私が昨日手伝いをした➡女の人」→ the woman ← I helped yesterday

(3)「彼女が昨年買った➡コンピュータ」→ the

computer ⬅ she bought last year

おさらい問題 27〜29

➡ 本冊 80〜81ページ

❶ (1)that　(2)that　(3)which
　(4)that

解説 (1)「彼が作った➡ケーキ」と，説明を受ける
のは「もの」なので，who は使えません。
(2)「私がよく知っている➡生徒」と，説明を受けるの
は「人」なので，which は使えません。
(3)「私が飼っている➡ネコ」と，説明を受けるのは「も
の（動物）」なので，who は使えません。
(4)「私が大好きな➡歌手」と，説明を受けるのは「人」
なので，which は使えません。

❷ (1)I, wrote　(2)we, saw
　(3)he, bought

解説 (1)「私が書いた➡本」→ the book ⬅ that I
wrote
(2)「私たちが見た➡女の人」→ The woman ⬅ that
we saw
(3)「彼が買った➡自転車」→ The bike ⬅ he
bought

❸ (1)which he speaks
　(2)the boy that I helped
　(3)that you gave me

解説 (1)「彼が話す➡言葉」→ The language ⬅
which he speaks
(2)「私が昨日手伝った➡男の子」→ the boy ⬅ that
I helped yesterday
(3)「あなたが私にくれた➡本」→ The book ⬅ that
you gave me

❹ (1)which　(2)that　(3)that

解説 (1)which の後ろには〈主語＋動詞〉が続い
ていますから，この関係代名詞 which は目的格で，
省略できます。
(2)that の後ろには〈主語＋動詞〉が続いていますか
ら，この関係代名詞 that は目的格で，省略できま
す。
(3)that の後ろには〈主語＋動詞〉が続いていますか
ら，この関係代名詞 that は目的格で，省略できま
す。

す。

仮定法

30 〈I wish ＋主語＋（助）動詞の過去形 〜.〉
で「〜ならいいのに」などを表す文

➡ 本冊 83ページ

❶ (1)were　(2)lived　(3)could

解説 (1)「〜ならいいのに」→〈I wish ＋主語＋
were 〜 .〉
(2)「〜するならいいのに」→〈I wish ＋主語＋動詞
の過去形 〜 .〉
(3)「〜できたらいいのに」→〈I wish ＋主語＋ could
〜 .〉

❷ (1)wish my father were
　(2)wish I had　(3)wish you could

解説 (1)「〜ならいいのに」→〈I wish ＋主語＋
were 〜 .〉
(2)「〜するならいいのに」→〈I wish ＋主語＋動詞
の過去形 〜 .〉
(3)「〜できたらいいのに」→〈I wish ＋主語＋ could
〜 .〉

31 「もし〜であるなら，…なのに」
を表す文
➡ 本冊 85ページ

❶ (1)ア　(2)イ　(3)ア

解説 (1)〈If ＋主語＋ were 〜 , 主語＋ would ＋
動詞の原形 ....〉→「もし〜であるなら，…するの
に」
(2)〈If ＋主語＋ were 〜 , 主語＋ could ＋動詞の原
形 ....〉→「もし〜であるなら，…できるのに」
(3)〈If ＋主語＋ were 〜 , 主語＋ would ＋動詞の原
形 ....〉→「もし〜であるなら，…するのに」

❷ (1)were, would　(2)were, could
　(3)were, would

解説 (1)「もし〜であるなら，…するのに」→〈If ＋
主語＋ were 〜 , 主語＋ would ＋動詞の原形 ....〉
(2)「もし〜であるなら，…できるのに」→〈If ＋主語
＋ were 〜 , 主語＋ could ＋動詞の原形 ....〉
(3)「もし〜であるなら，…するのに」→〈If ＋主語＋
were 〜 , 主語＋ would ＋動詞の原形 ....〉

32 「もし〜するなら，…なのに」を表す文
→ 本冊 87ページ

❶ (1) 自転車を持っているなら
(2) オーストラリアに住んでいるなら
(3) このトランペットを使えるなら

解説 (1)〈If＋主語＋動詞の過去形 〜，主語＋助動詞の過去形＋動詞の原形 ....〉→「もし〜するなら，…なのに」
(2)〈If＋主語＋動詞の過去形 〜，主語＋助動詞の過去形＋動詞の原形 ....〉→「もし〜するなら，…なのに」
(3)〈If＋主語＋could 〜，主語＋助動詞の過去形＋動詞の原形 ....〉→「もし〜できるなら，…なのに」

❷ (1) knew, could (2) had, could
(3) could, would

解説 (1)「もし〜するなら，…できるのに」→〈If＋主語＋動詞の過去形 〜，主語＋could＋動詞の原形 ....〉
(2)「もし〜するなら，…できるのに」→〈If＋主語＋動詞の過去形 〜，主語＋could＋動詞の原形 ....〉
(3)「もし〜できるなら，…するのに」→〈If＋主語＋could＋動詞の原形 〜，主語＋would＋動詞の原形 ....〉

おさらい問題 30〜32
→ 本冊 88〜89ページ

❶ (1) イ (2) イ (3) ア

解説 (1)〈I wish＋主語＋could 〜 .〉→「〜できればいいのに」
(2)〈If＋主語＋were 〜，主語＋would＋動詞の原形 ....〉→「もし〜であるなら，…するのに」
(3)〈If＋主語＋動詞の過去形 〜，主語＋could＋動詞の原形 ....〉→「もし〜するなら，…できるのに」

❷ (1) could (2) were, would
(3) lived, could

解説 (1)「〜できるならいいのに」→〈I wish＋主語＋could＋動詞の原形 〜 .〉
(2)「もし〜であるなら，…するのに」→〈If＋主語＋were 〜，主語＋would＋動詞の原形 ....〉
(3)「もし〜するなら，…できるのに」→〈If＋主語＋

動詞の過去形 〜，主語＋could＋動詞の原形 ....〉

❸ (1) wish you had
(2) If Meg were my classmate
(3) If you had a dog

解説 (1)「〜するならいいのに」→〈I wish＋主語＋動詞の過去形 〜 .〉 have（〜を持っている）の過去形は had です。
(2)「もし〜であるなら，…できるのに」→〈If＋主語＋were 〜，主語＋could＋動詞の原形 ....〉
(3)「もし〜するなら，…できるのに」→〈If＋主語＋動詞の過去形 〜，主語＋could＋動詞の原形 ....〉 have（〜を飼っている）の過去形は had です。

❹ (1) I, were (2) were, would
(3) knew, could

解説 (1)「〜ならいいのに」→〈I wish＋主語＋were 〜 .〉
(2)「もし〜であるなら，…するのに」→〈If＋主語＋were 〜，主語＋would＋動詞の原形 ....〉
(3)「もし〜するなら，…できるのに」→〈If＋主語＋動詞の過去形 〜，主語＋could＋動詞の原形 ....〉 know（知っている）の過去形は knew です。

いろいろな表現

33 would like を使った表現を整理しよう
→ 本冊 91ページ

❶ (1) Would, like (2) please (3) like

解説 (1)「〜はいかがですか」→ Would you like 〜？
(2)「はい，いただきます」→ Yes, please.
(3)「〜がほしい，〜をください」→ I'd like 〜 . I'd は I would の短縮形です。

❷ (1) Would you like
(2) would you like
(3) Would you like me to

解説 (1) ものをすすめるときは Would you like 〜？
(2)「何を〜したいですか」とたずねるときは〈What

would you like to ＋動詞の原形 〜?〉を使います。

(3)「私が〜しましょうか」→ Would you like me to 〜?

34 目的地への行きかたのたずねかたと答えかた
→ 本冊 93ページ

❶ (1)Could, how　(2)Change, trains
(3)Get, off

解説 (1)「〜への行きかたを教えてくださいませんか」
→ Could you tell me how to get to 〜?
(2)「乗りかえる」→動詞は change　乗り物から別の乗り物に移動するので change のあとの乗り物名は複数形になることに注意します。
(3)「〜で下車してください」→ Get off at 〜.

❷ (1)tell me how to
(2)Take the white bus
(3)Change trains at

解説 (1)「〜への行きかたを教えてくださいませんか」
→ Could you tell me how to get to 〜?
(2) 道案内で「（乗り物に）乗る」というときは動詞 take を使います。
(3)「〜で乗りかえてください」→ Change trains at 〜.

35 「あなたはどう思いますか」への答えかた
→ 本冊 95ページ

❶ (1)agree, with
(2)don't, agree, with　(3)I, think

解説 (1)「私は〜に賛成です」→ I agree with 〜.
(2)「私は〜に賛成ではありません」→ I don't agree with 〜.
(3)「私は〜だと思います」→ I think 〜.

❷ (1)I think it's better to study
(2)I agree with you
(3)Please tell me more

解説 (1)「私は〜だと思います」→ I think 〜.
「〜したほうがよい」→ it's better to 〜
(2)「私はあなたに賛成です」→ I agree with you.
(3)「もっとくわしく教えてください」→ Please tell me more.

おさらい問題 33〜35
→ 本冊 96〜97ページ

❶ (1)Would, like　(2)Would, like, to
(3)How, can　(4)Take, train
(5)tell, more　(6)have, reasons
(7)don't, agree, with　(8)I, think

解説 (1)「〜はいかがですか」→ Would you like 〜?
(2)「〜（するの）はいかがですか」→ Would you like to 〜?
(3)「どうすれば〜へ行けますか」→ How can I get to 〜?
(4)「渋谷行きの電車に乗る」は〈take ＋乗り物＋ for ＋目的地〉にあてはめて, Take the train for Shibuya. とします。
(5)「もっとくわしく教えてください」→ Please tell me more.
(6)「理由は〜個あります」→ I have 〜 reason(s).
(7)「〜に賛成ではない」→ don't[doesn't] agree with 〜
(8)「私は〜だと思います」→ I think 〜.

❷ (1)What would you like to
(2)tell me how to get
(3)Would you like me to
(4)Change trains at
(5)Let me give you

解説 (1)「何を〜したいですか」→ What would you like to 〜?
(2)「〜への行きかた」→ how to get to 〜
(3)「（私が）〜しましょうか」→ Would you like me to 〜?
(4)「〜で…行きの電車に乗りかえてください」
→ Change trains at 〜 for ....
(5)「あなたに例を1つ与えさせてください」と考えます。

リスニング

---

36 「だれが」に対する答えかた
→ 本冊 99ページ

エ

解説 Who 〜? という質問には,「人」を表す名詞

15

を使って答えます。

放送文と日本語訳

Bob：Aki, is this your CD?

Aki：Yes, it is.

Bob：You like Tom Brown, don't you?

Aki：Yes, I like his songs very much. How about you, Bob?

Bob：I love his songs, too! He is loved all over the world.

Question

Who is loved all over the world?

ア．Bob is.

イ．Aki is.

ウ．No, he isn't.

エ．Tom Brown is.

ボブ：アキ，これはあなたの CD ですか。

アキ：はい，そうです。

ボブ：あなたは**トム・ブラウン**が好きなんですよね？

アキ：はい，私は彼の歌がとても好きです。あなたはどうですか，ボブ。

ボブ：私も彼の歌が大好きです！　彼は世界中で愛されていますよね。

質問文

だれが世界中で愛されていますか。

ア．ボブです。

イ．アキです

ウ．いいえ，彼ではありません。

エ．トム・ブラウンです。

37 いつのことかを答える

→ 本冊 101ページ

イ

解説　When ～？という質問には，「時」を表す言葉を使って答えます。

放送文と日本語訳

Nami：Jack, today is your birthday. Happy birthday! This is for you.

Jack：Thank you, Nami. Wow! What a beautiful cake! Did you make it?

Nami：Yes, I made it last night. Do you like it?

Jack：Yes, it's great!

Question

When did Nami make the cake?

ア．She made it today.

イ．She made it last night.

ウ．Nami made it.

エ．She made a birthday cake.

ナミ：ジャック，今日はあなたの誕生日ですね。お誕生日おめでとう。これをあなたにあげます。

ジャック：ありがとう，ナミ。わあ！　なんてすてきなケーキなんだろう！　あなたが作ったのですか。

ナミ：そうです，私が昨夜作りました。あなたは気に入ってくれましたか。

ジャック：はい，すばらしいです！

質問文

ナミはいつケーキを作りましたか。

ア．彼女はそれを今日作りました。

イ．彼女はそれを昨夜作りました。

ウ．ナミがそれを作りました。

エ．彼女は誕生日ケーキを作りました。

38 「どこに」「どこで」に対する答えかた

→ 本冊 103ページ

イ

解説　Where ～？という質問には，具体的な「場所」を聞き取って答えます。

放送文と日本語訳

Man：Can I help you?

Yuki：Yes, please. I'm looking for the post office. Could you tell me the way?

Man：Sure. Go straight and turn right at the second corner. You'll see the post office on your left, between the CD shop and the bookstore.

Yuki：Thank you very much.

Question

Where is the post office?

ア．　　　　　イ．　　　　　ウ．　　　　　エ．

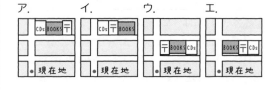

男性：お困りですか？

ユキ：はい。私は郵便局を探しているのです。行きかたを教えてくださいませんか。

男性：いいですよ。まっすぐ行って，２つ目の角を右に曲がってください。左側に郵便局が見えます。CD店と書店の間です。

ユキ：どうもありがとうございました。

質問文

郵便局はどこにありますか。

39 過去にしたことを答える

⇒ 本冊 105ページ

ウ

解説 Did ～？という質問には，did を使って答えます。

放送文と日本語訳

Judy：Hi, Hide. Where are you going?

Hide：Hi, Judy. I'm going to Kita Library. Do you want to come?

Judy：No, thanks. I went there yesterday. I borrowed a lot of books.

Hide：Oh, really?

Question

Did **Judy** go **to Kita Library yesterday?**

ア．No, she isn't.   イ．No, she didn't.

ウ．Yes, she did.   エ．Yes, she is.

~~~~~~~~~~~~~~~~~~~~

ジュディ：こんにちは，ヒデ。どこに行くのですか。

ヒデ：こんにちは，ジュディ。私はキタ図書館に行くところです。あなたも来ますか。

ジュディ：いいえ。私は昨日そこへ行きました。私はたくさん本を借りました。

ヒデ：ああ，そうなんですか。

質問文

ジュディは昨日，キタ図書館に行きましたか。

ア．いいえ，そうではありません。

イ．いいえ，行きませんでした。

ウ．はい，行きました。

エ．はい，そうです。

40 「～するつもりです」の表現を聞き取る

⇒ 本冊 107ページ

エ

解説 予定についての質問には，be going to ～の文で答えます。

放送文と日本語訳

　Bob has some plans for next Saturday. In the morning, he is going to go to the library. In the afternoon, he is going to go to the museum with his friends.

Question

What is **Bob** going to do in the morning next Saturday?

ア．Yes, he is.

イ．He will visit the museum.

ウ．He went to school.

エ．He is going to go to the library.

~~~~~~~~~~~~~~~~~~~~

　ボブは今度の土曜日に予定がいくつかあります。午前中に，彼は図書館へ行くつもりです。午後は，友だちといっしょに美術館へ行くつもりです。

質問文

ボブは今度の土曜日の午前中に何をするつもりですか。

ア．はい，彼はそのつもりです。

イ．彼は美術館を訪れます。

ウ．彼は学校へ行きました。

エ．彼は図書館へ行くつもりです。

41 現在完了の答えかた

⇒ 本冊 109ページ

イ

解説 What have [has] ～？といっ質問には，have [has] を使って，「何を」の部分を具体的に答えます。

放送文と日本語訳

　Hello, everyone. I'm Yamada Aki. Today, I want to tell you about my dream. I've wanted to be a pianist since I was little, because I love music. In the future, I want to go to Austria to study music.

Question

What has **Aki** wanted to be?

ア．She wants to study music.

イ．She has wanted to be a pianist.

ウ. No, she hasn't.

エ. She loves playing the piano.

～～～～～～～～～～～～

　こんにちは, みなさん。私はヤマダ・アキです。今日, 私はみなさんに私の夢について話したいと思います。私は小さいころからずっとピアニストになりたいと思っています。なぜなら私は音楽が大好きだからです。将来, 私は音楽を勉強するためにオーストリアへ行きたいです。

質問文

アキはずっと何になりたいと思っていますか。

ア. 彼女は音楽を勉強したい。

イ. 彼女はずっとピアニストになりたいと思っています。

ウ. いいえ, していません。

エ. 彼女はピアノを弾くのが大好きです。

3年生のおさらい

3年生のおさらい問題①

➡ 本冊 114～115ページ

❶ (1)have lived　(2)use　(3)what to

解説 (1)「ずっと～です」の文なので, 〈have [has] ＋過去分詞〉の形にします。

(2)「(人) に～させる」→〈let ＋ (人) ＋動詞の原形〉

(3)「何をすればよいか」→ what to do

❷ (1)been, since　(2)want, you, to　(3)how, to, swim

解説 (1)「ずっと～です」の文なので, 〈have [has] ＋過去分詞〉の形にします。「昨日からずっと～」と始まった時期を表すので, since を使います。

(2)「(人) に～してほしい」→〈want ＋ (人) ＋ to ＋動詞の原形〉

(3)「～のしかた」→〈how to ＋動詞の原形〉

**❸ (1)I have never been
(2)has not arrived in Tokyo
(3)is easy for me to**

解説 (1)never を過去分詞の前に置いて「一度も～したことがない」を表します。

(2) 現在完了の否定文の語順は〈have[has] not ＋過去分詞 ～〉です。

(3)「(人) が [にとって] ～することは…だ」→〈It is … for ＋ (人) ＋ to ＋動詞の原形～.〉

**❹ (1)Has Ken finished his homework yet?
(2)tell me where to go
(3)I will help you clean the room.**

解説 (1)「もう～しましたか」は現在完了の疑問文。Ken は3人称単数なので疑問文は Has を主語の前に出します。

(2)「どこへ [で] ～すればよいか」→〈where to ＋動詞の原形〉　文頭に Please があるので命令文にします。

(3)「(人) が～するのを手伝う」→〈help ＋ (人) ＋動詞の原形〉

3年生のおさらい問題②

➡ 本冊 120～121ページ

❶ (1)why　(2)invited　(3)playing

解説 (1)「なぜ～」なので, why を選びます。

(2)「～されましたか」→〈Was, Were ＋主語＋過去分詞 ～ ?〉

(3)「～をしている…」なので, playing tennis が後ろから That boy を説明する形にします。

❷ (1)us, happy　(2)made, in　(3)is, not

解説 (1)「A (人・もの) を B (状態) にする」→〈make ＋ A ＋ B〉

(2)「～で作られた…」なので, made in France が後ろから a bag を説明する形にします。

(3)「～されていません」→〈be 動詞＋ not ＋過去分詞〉

**❸ (1)call me Ken
(2)Was this chair used
(3)a letter sent by my grandfather**

解説 (1)「A (人) を B (呼び名) と呼ぶ」→〈call ＋ A ＋ B〉

(2)「～されましたか」→〈be 動詞の過去形＋主語＋過去分詞 ～ ?〉

(3)「～によって送られた…」なので, sent by my grandfather が後ろから a letter を説明する形

にします。

④ (1)He told me (that) Aya was at home.
(2)This movie was not[wasn't] watched by them.
(3)I'm sure (that) we will win the game.

解説 (1)「(人) に…ということを言う」→〈tell +(人)＋ that …〉の形にします。「彼はアヤが家にいると言いました」
(2)this movie を主語にするので，過去の受け身の否定文にします。「この映画は彼らによって見られませんでした」
(3)「きっと…だ」→〈I'm sure (that)….〉の形にします。「きっと私たちはその試合に勝ちます」

3年生のおさらい問題③

➡ 本冊 124〜125ページ

❶ (1)who (2)how (3)that (4)were

解説 (1)a friend は「人」を表す語句なので，which ではなく who を使います。
(2)「〜への行きかたを教えてくださいませんか」→ Could you tell me how to get to 〜 ?
(3)the computer は「もの」を表す語句なので，who ではなく that を使います。
(4)「〜ならいいのに」→〈I wish ＋主語＋ were 〜 .〉

❷ (1)which goes to Tokyo
(2)that makes me happy
(3)doesn't agree with

解説 (1)「東京行きの➡電車」→ the train ⬅ which goes to Tokyo
(2)「私を幸せにする➡音楽」→ the music ⬅ that makes me happy
(3)「〜に賛成ではありません」→ don't [doesn't] agree with 〜

❸ (1)I, saw (2)you, made
(3)had, could (4)how, to

解説 (1)「私が昨日見た➡男の子」→ the boy ⬅ that I saw yesterday
(2)「あなたが作った➡人形」→ the doll ⬅ you

made
(3)「もし〜するなら，…できるのに」→〈If ＋主語＋動詞の過去形 〜，主語＋ could ＋動詞の原形 ….〉
(4)「〜への行きかた」→ how to get to 〜

❹ (1)Would you like a cup of tea?
(2)I wish I had a new bag.
(3)If I were you, I would visit her.

解説 (1)「〜はいかがですか」→ Would you like 〜 ?
(2)「〜するならいいのに」→〈I wish ＋主語＋動詞の過去形 〜 .〉
(3)「もし〜であるなら，…するのに」→〈If ＋主語＋ were 〜，主語＋ would ＋動詞の原形 ….〉